QUI OSE GAGNE

Concepts et stratégies
pour devenir un meilleur leader

Fred Marie

Remerciements

Merci à tous les militaires et entrepreneurs que j'ai eu l'occasion de rencontrer et interviewer dans le cadre de reportages ou du podcast Défense Zone. Grâce à toutes ces rencontres, à chaque fois riches en enseignements, j'ai appris énormément et pu rédiger ce livre que j'avais en tête depuis plusieurs années.

Un grand merci aux membres de mon équipe de relecteurs qui a apporté de très bonnes remarques sur ce livre : Nadège, Aurélie, Mathilde, Maude, Emeline et Romain.

Mentions légales

Livre édité par Défense Zone, 6 ancien chemin de Muret, 31120 Roques
Imprimé par Amazon
Dépôt légal : Janvier 2023
ISBN : 978-2-9581925-2-5

Avant de commencer

En complément de la lecture de ce livre, je vous invite à télécharger gratuitement ma boîte à outils pour entrepreneur.

Vous y trouverez notamment deux autres livres numériques ainsi que plusieurs ateliers de formation en vidéo pour apprendre à lancer et développer votre activité professionnelle.

Cette boîte renferme une douzaine d'heures d'ateliers en vidéos qui aborde des thèmes variés : productivité, réalisation de vidéo, création et gestion d'entreprise, sources de revenus passifs, journalisme, etc.

Rendez-vous sur l'URL suivante pour y avoir accès dès maintenant :

➔ **https://photographestratege.podia.com/boite-outils**

Table des matières

Avant-propos / avertissements   7

PARTIE 1 : HUMILITÉ   **16**

La sélection naturelle   18
Faire ses classes   21
La méthode Légion   23
Être et durer   26
La question de la reconnaissance   27
Un saint-cyrien képi blanc   28

PARTIE 2 : RESPONSABILITÉ   **35**

Assumer sa pleine responsabilité   38
Connaissance de soi   39
Être responsable de soi   39
Prendre ses responsabilités vis-à-vis de son marché   41
Le capitaine sombre avec son navire   42

PARTIE 3 : AUDACE   **45**

La figure héroïque du commando   48
Les bienfaits de la position de la position d'outsider   49
L'effet de surprise   49
Le danger : l'égo   50
Le samouraï, le rônin et le maître de thé   51

PARTIE 4 : ENGAGEMENT   **57**

Faire face au risque   59
S'engager pour les autres   61
L'importance de l'implication   62
Les vrais leaders se servent en dernier   63

PARTIE 5 : RÉSILIENCE   **67**

Reprendre les bases : le Stoïcisme   69
Gestion du stress   72
Gérer l'échec   73
La résilience au service du combat   75
L'homme le plus déterminé au monde   76

PARTIE 6 : PRÉPARATION 81

Préparer sa mission 82
Briefing et objectifs 84
Intelligence et culture générale 85
Ulysse et les dieux 87

PARTIE 7 : PROTOCOLES 91

L'importance des systèmes et des protocoles 93
Mettre en place des protocoles pour soi-même 94
La discipline est la liberté 96
La nécessité de simplifier 97
Stephen King et l'écriture 98

PARTIE 8 : COMMANDEMENT 103

Management VS commandement 107
Faire preuve d'empathie 108
Manipuler VS inspirer 109
Edward Bernays, le père de la propagande 111

PARTIE 9 : RETEX ET ANTICIPATION 115

Importance du retex et de l'itération 118
Impliquer son équipe 119
Enrichir les protocoles 120
Veille et prospective 120
Red team 121

PARTIE 10 : TRANSMISSION 125

La pyramide de Maslow 127
L'art de la pédagogie 129
Apprendre aux autres pour apprendre (sur) soi-même 130
Tradition et devoir de mémoire 132
L'allégorie du tailleur de pierre 132

CONCLUSION 137

Ressources et bibliographie 141

Fred Marie, auteur de ce livre et rédacteur en chef du magazine Défense Zone entouré des parachutistes de l'opération Barkhane au Sahel lors d'une mission dans la zone des trois-frontières en avril 2021.

Avant-propos / avertissements

Ce livre parle de leadership. Et en lisant le titre "Qui ose gagne", la devise des forces spéciales, vous aurez probablement compris que l'angle choisi pour en parler tourne autour de l'armée. Cependant, ce livre n'est pas écrit par un militaire, mais par un civil, ayant la double casquette de journaliste et d'entrepreneur.

Depuis une dizaine d'années, je parcours le monde avec mon appareil photo dans le but de réaliser des reportages pour la presse magazine. Mon sujet de prédilection est la Défense. Des parachutistes aux chasseurs alpins en passant par les légionnaires, les marins ou encore les aviateurs, j'ai eu l'occasion de photographier de nombreuses unités de l'armée française, que ce soit en entraînement ou en opération extérieure. Au fin fond de la jungle guyanaise ou dans les étendues désertiques du Mali et de Djibouti, j'ai pu toucher du doigt le quotidien des soldats, et ce qu'implique ce métier aussi fascinant que dangereux. Mais d'avoir suivi pendant de longs mois les "classes" de parachutistes et de légionnaires dans le cadre de projets de livres photo a probablement été le plus intéressant.

Les processus de recrutement et de formation des militaires sont une mine d'or pour un entrepreneur souhaitant maîtriser des compétences aussi complexes que nécessaires, comme le leadership, l'organisation ou le management.

Néanmoins, en dehors de quelques émissions TV d'une qualité parfois discutable, peu d'informations émergent sur ces processus. Et bien que l'on puisse noter des progrès dans sa communication, celle que l'on nomme parfois "la grande muette" reste toujours aussi discrète aujourd'hui.

À travers ce livre, je vais tenter de partager une partie de ce que j'ai pu observer au sein de cette institution, en mettant l'accent sur ce qui peut vous être utile, dans votre quotidien, personnel comme professionnel.

Car nous avons tous besoin d'apprendre le leadership, cette compétence non enseignée à l'école et pourtant terriblement utile au quotidien, ne serait-ce que pour améliorer ses relations sociales, avec ses proches, ses amis, ses collègues, sa famille.

Être un bon leader signifie avoir confiance en soi, développer son charisme et son réseau. Autant de compétences qu'un entrepreneur a besoin de maîtriser pour progresser.

Être un leader consiste à inspirer et fédérer un groupe hétérogène de personnes autour d'une vision pour réaliser un projet. Afin d'y parvenir, il est nécessaire de motiver et créer du sens, deux éléments activement recherchés aujourd'hui, notamment par les salariés.

Encore un...

Toulouse. Samedi 8 octobre 2022. 16h30.

Allez, un dernier chapitre et je vais me faire un café. Assis à mon bureau depuis ce matin, je parcours inlassablement les pages d'une quarantaine de livres disposés un peu partout autour de moi. Ce n'est pas le bureau le mieux rangé du monde, loin de là.

Une tasse de café froid ensevelie sous plusieurs feuilles blanches griffonnées de citations et d'idées, un ordinateur en surchauffe encerclé par des colonnes de livres empilés tels des fortifications moyenâgeuses… Je suis en train d'écrire mon prochain livre.

Cette fois, il ne sera pas question de photojournalisme, ni même de photographie, mes domaines d'expertise depuis maintenant quelques années. Ce nouveau livre a l'ambition de toucher plus de monde, ce sera mon premier livre "grand public".

"Ouuh". Cette seule pensée m'effraie autant qu'elle m'excite. Se lancer dans la rédaction d'un livre est un moment vraiment particulier. Avant même de rédiger la moindre ligne, on se retrouve attaqué par des centaines de pensées négatives et notre légitimité à écrire se retrouve soudainement et fortement remise en question. *"Pourquoi je me lance dans ce truc ?", "qui suis-je pour donner des conseils ?", "personne ne va lire ce bouquin"*, etc.

S'il fallait encore une preuve que notre pire ennemi, c'est nous, voilà chose faite !

"Écrire un livre" ne débute pas par une phase d'écriture, ou en tout cas, pas à proprement parler. Car pour écrire un ouvrage, il faut d'abord une idée, un angle, un message, un enjeu et surtout, des sources. Tout comme un chef militaire ne déclenchera pas une offensive sans avoir accumulé et analysé du renseignement en amont, ou comme un entrepreneur ne lancera pas un nouveau produit sans avoir réalisé une fine étude de marché au préalable, un auteur ne peut pas dégainer la plume sans être passé par une longue et fastidieuse phase de recherche. C'est justement ce que je suis en train de faire en ce samedi ensoleillé d'octobre. Sous ma fenêtre, je vois passer des couples et des familles, profitant du beau temps pour une promenade dans cette belle ville rose. Le vrombissement de la cafetière m'extirpe de mes pensées et me ramène la tête dans mon livre. Reprenant ma lecture, je me retrouve sans transition dans les rues de Ramadi, une ville au cœur d'un Irak à feu et sang, où l'auteur, un ancien Navy SEAL (forces spéciales américaines) raconte une phase de combat d'une extrême violence face à des terroristes d'Al-Qaïda. *Responsabilité absolue* de Jocko Willink et Leil Babin, fait partie de mes livres préférés. C'est d'ailleurs celui-ci qui m'a donné envie de me lancer dans ce nouveau projet d'écriture.

Dans cet ouvrage, les deux auteurs ne se contentent pas de raconter leurs guerres. Ils en tirent des leçons applicables par tous dans la vie quotidienne. Au fil des pages, les deux "frères d'armes" enchaînent les anecdotes de combat mais aussi celles vécues en tant que conseillers en management auprès de grandes entreprises américaines. Leur concept est simple : un bon chef doit prendre systématiquement l'entière responsabilité d'une situation s'il veut avoir des résultats. En résumé, quand il y a un problème, c'est de ta faute, et pas celle des autres.

Le concept de responsabilité est selon moi l'un des plus puissants et importants à appliquer dans sa vie de tous les jours. Il permet de relativiser, ne pas être frustré et surtout d'avancer. Je n'ai pas attendu de lire ce livre pour le découvrir et en apprécier l'importance. En effet, j'ai déjà pu retrouver ce concept lors de reportages sur l'armée française, notamment en pénétrant dans les coulisses de la sélection, de la formation et des opérations militaires. Et croyez-moi, c'est fascinant !

J'ai été tellement fasciné que, très rapidement, j'ai commencé à appliquer certaines méthodes et techniques propres à l'armée dans mon quotidien, et celui de mes entreprises. Je me suis retrouvé à organiser des réunions avec mon équipe en reprenant les codes d'un briefing auquel j'ai pu assister dans une base opérationnelle au Mali. J'ai troqué mon sac photo pour une musette de combat, un sac bien plus résistant, pratique et même confortable. J'ai aussi développé des automatismes terriblement utiles en matière d'organisation, de communication et de résilience.

Sans avoir fait de service national, mais en ayant suivi en immersion et photographié pendant des années des militaires lors de formation, d'entraînement et de missions sur le terrain, j'ai acquis des fondamentaux du métier de soldat que j'ai su appliquer avec intelligence à mes vrais métiers, ceux de reporter et d'entrepreneur.

L'idée du livre était là. Mais il me manquait encore l'angle. Au fil de mes lectures sur le sujet et en réécoutant les dizaines d'heures d'entretiens réalisées avec des experts militaires dans le cadre de mon podcast *Défense Zone*, j'en suis arrivé à trouver le dénominateur commun de tout ça : le leadership.

Cependant, il y a un problème. Au même titre que le management, le marketing ou encore le "mindset", le leadership est un terme terriblement galvaudé en France et j'entends déjà les critiques et autres haters débouler au son du mot. Par ailleurs, pléthore de livres existe sur cette thématique. Les écoles de commerces et les chaînes YouTube de motivation en ont fait un véritable business. Dans ce contexte, quelle valeur et quelle nouveauté puis-je donc apporter ?

Alors que j'aperçois dans l'un des tas de bouquins devant moi, un livre de Ryan Holiday, l'un de mes auteurs américains préférés, je commence à penser à un plan. Un peu comme cet expert du stoïcisme l'a fait dans ses livres *L'obstacle est le chemin* ou encore *L'égo est l'ennemi*, je pourrai aborder différents concepts de leadership militaire qu'un entrepreneur comme moi peut appliquer à sa vie de tous les jours dans le but d'être plus efficace, heureux et épanoui. Et pour apporter encore plus de valeur, l'idée serait d'y apporter des expériences vécues sur le terrain, des rencontres, des témoignages, et même des faits historiques ou des références scientifiques en matière de psychologie humaine !

Le plan semble intéressant, il n'y a plus qu'à se replonger dans les sources et mes souvenirs de reportages pour enfin pouvoir entamer l'écriture de ce nouveau livre sur le leadership, et y glisser suffisamment de valeurs pour ne pas laisser penser "encore un…"

PARTIE 1
HUMILITÉ

Puyloubier, 19 février 2022, 23h45.

Je ne vais jamais réussir à m'endormir. Cela fait deux longues heures que je ne trouve pas le sommeil, essayant en vain de faire abstraction du bruit du vent contre la paroi de ma tente. Si seulement ce vacarme pouvait s'arrêter, histoire que je puisse fermer l'œil, je pourrais même oublier le froid qui me fait frissonner. L'envie me vient de sortir de cette maudite tente et de marcher un peu… cependant mes pieds me font un mal de chien. Normal pour quelqu'un qui vient de parcourir 25 kilomètres, en passant par la montagne Sainte-Victoire et ses centaines de mètres de dénivelés… avec une section de légionnaires. La fin de cette phrase explique mon niveau de fatigue physique et mentale en cette froide nuit d'hiver, aux abords des vignes de Puyloubier.

Ce matin, nous avons entamé une marche depuis le lycée militaire d'Aix-en-Provence. Pour moi comme pour la quarantaine d'engagés volontaires, il n'est pas question d'une simple randonnée dans le Sud de la France. Il s'agit de la marche au Képi Blanc, une aventure que nous n'oublierons jamais. Pour un légionnaire, cette marche militaire de plus de 50 kilomètres, avec sac et armement (environ 30 kg sur le dos) est un rituel de passage. Après un long mois d'instruction, totalement isolé du monde extérieur dans une ferme, cette quarantaine d'étrangers venus des quatre coins du monde, s'apprête à devenir "képis blancs". À l'issue de cette longue et difficile marche, ces soldats pourront coiffer ce couvre-chef mythique et entrer officiellement dans la famille de la Légion.

Mais pour l'heure, tous souffrent presque autant que moi après cette première journée de marche. Heureusement pour nous, nous avons déjà eu à faire face à ce genre de difficulté. Le premier mois d'instruction d'un soldat (les fameuses "classes" dont nous parlerons un peu plus loin), inclut des périodes de marches militaires, de façon progressive : 5 km, puis 10, puis 15, puis 20, etc. Pour ma part, j'ai eu la "chance", trois ans auparavant, de réaliser la marche des fourragères avec une section de parachutistes du 8e RPIMa[1]. Ce fut probablement d'ailleurs l'épreuve la plus dure de ma vie et il m'aura fallu trois jours pour me remettre des 65 kilomètres, parcourus en 13 heures, de nuit, à travers la montagne Noire. Cette

---

1 8e Régiment parachutiste d'infanterie de marine basé à Castres.

marche devait donc être une simple formalité... Cependant, mes pieds ne semblent pas de cet avis.

À la différence d'une randonnée solitaire, la marche militaire est un sport d'équipe. Tous doivent marcher au même rythme, et tout le monde doit arriver en même temps à destination. Bien entendu, des groupes sont formés, afin de permettre aux cadres de veiller sur leurs recrues. Mais tous progressent avec le même objectif en tête et endurent les mêmes souffrances dans le corps.

En tête de peloton, on retrouve le chef de section, le leader charismatique ayant pour mission de guider son unité et donner le rythme. Responsable de la quarantaine de soldats le suivant, il doit montrer l'exemple et s'assurer que personne ne décidera d'abandonner. Car le jour où il faudra progresser non pas dans le cadre bucolique de la Provence, mais dans les étendues désertiques et dangereuses d'un pays en guerre, l'abandon ne sera certainement pas une option.

Vivre l'expérience d'une marche militaire de ce genre et discuter avec un chef de section permet d'appréhender le rôle d'un leader et ce que cela implique. Un mot revient dans nos discussions : l'humilité. Un terme presque autant galvaudé que les neuf autres abordés dans ce livre, et pourtant essentiel si l'on souhaite devenir un vrai leader.

Mais pour l'heure, il est minuit passé. Emmitouflé dans mon duvet, je commence enfin à trouver le sommeil...

La sélection naturelle

Au-delà de la discipline, la première chose venant à l'esprit en pensant à l'univers militaire est la hiérarchie. En effet, les forces armées sont structurées sous forme pyramidale avec des grades pour différencier les individus et des sous-groupes pour les rassembler en fonction de différentes spécificités. On parle de "section", "d'escadrons", de "compagnies", de "régiments" et plus largement "d'unités". Le passage d'un étage à l'autre de cette pyramide nécessite un accomplissement de la part du soldat. Ces barrières à l'entrée peuvent prendre la forme d'épreuves institutionnalisées (concours, notation, etc) mais aussi de faits d'armes ou dans une moindre mesure, de recommandation (pour ne pas dire de piston-nage). Le parcours d'un soldat au sein de l'institution peut être as-sez long. Si certains décident de s'engager pour trois ou cinq 5 ans, d'autres vont rester 15, 20, voire 30 ans au service de la France. Au cours de leur carrière, ces derniers vont devoir se former en conti-nu et seront constamment notés par des supérieurs.

L'entrepreneur, lui, n'a pas de supérieur, quotas, système de nota-tion, ni barrière à l'entrée. Cela représente une différence majeure. On parle alors plutôt de méritocratie, voire de véritable sélection naturelle. Car, en lançant son activité, l'entrepreneur va se confron-ter à une réalité implacable et rédhibitoire : la loi du marché. S'il n'appréhende pas les logiques d'offres et de demandes, son projet est voué à l'échec dès le départ.

Néanmoins, cette absence de barrière à l'entrée et de système hiérarchique possède des avantages. Même si la phrase est désor-mais galvaudée, "tout le monde peut être entrepreneur". C'est même dans l'air du temps ! Il suffit de "scroller" TikTok ou Instagram et compter les "influenceurs" et "dropshippers" exilés à Dubaï pour le constater. Néanmoins, être un bon entrepreneur, comme être un bon leader, nécessite d'acquérir très rapidement des qualités consi-dérées par beaucoup comme innées : la maturité, la résilience, l'intelligence, la passion, l'envie, l'abnégation, le courage, et on pourrait continuer encore longtemps.

Qu'on le veuille ou non, il faut aussi un minimum d'expérience pour être un chef, ainsi qu'une certaine expertise. Heureusement, il sera toujours possible de devenir l'expert de quelqu'un d'autre grâce aux connaissances disponibles sur internet.

Autre chose, il faut en avoir envie, vraiment envie. Dans l'entrepre-neuriat, certains parlent de "feu sacré", de quête ou même de mis-sion sacrée, un peu comme l'épée Excalibur que seul l'élu pourra sortir de son rocher. Il faut se donner les moyens de ses ambitions. Cela représente peut-être la plus grande barrière à l'entrée pour un futur leader, car tout le monde veut le succès et la gloire, mais très peu sont prêts aux sacrifices nécessaires pour y parvenir.

Revenons à l'univers militaire pour comprendre ce dernier point. S'engager dans l'armée est loin d'être compliqué. L'institution peine à faire signer assez de jeunes tous les ans malgré une hausse des budgets en lien avec un contexte géopolitique toujours plus instable. Un jeune qui entre dans un CIRFA[2] peut être catapulté dans un régiment les jours suivants. Néanmoins, l'accès à certaines unités prestigieuses et très sélectives reste inaccessible au commun des mortels. Par exemple, les forces spéciales imposent aux engagés volontaires un niveau physique et intellectuel très haut.

Tout comme courir un marathon requiert un entraînement exigeant et une préparation intensive, passer les sélections pour devenir soldat d'élite est tout aussi exigeant, et bien plus encore. Dans le cadre d'une interview pour mon podcast[3], j'ai rencontré Teddy Palassy, ancien commando marine et désormais coach sportif. Il m'expliquait que *"les échecs viennent d'une mauvaise préparation physique, mais aussi de la "non-conscience" des épreuves et du travail des commandos par la suite"*. Il insistait notamment sur le fait que *"l'état d'esprit, ça se prépare. Certains vont devoir travailler plus le physique et d'autres le mental. Mais pour beaucoup, nous les faisons travailler sur la rusticité, car ce n'est pas quelque chose de naturel, même chez ceux qui sont déjà très sportifs. Par exemple, je vais leur donner des exercices à faire très tôt, voire en pleine nuit avant que leur journée de travail commence. C'est aussi apprendre à courir longtemps, pas forcément vite, mais avec un sac. Ce type d'exercice sera une vraie plus-value avant d'intégrer une formation commando, car ce sera leur quotidien. La différence entre un sportif et un guerrier c'est que ce dernier va être moins à l'écoute de son corps et va le pousser à dépasser ses limites sans avoir peur constamment de la blessure"*.

Discuter avec des anciens militaires des forces spéciales est toujours enrichissant, c'est d'ailleurs pour cette raison que plusieurs épisodes de mon podcast ont été enregistrés avec d'anciens commandos. Les histoires et anecdotes des anciens militaires des forces spéciales sont très souvent riches en enseignements et en motivation. Je cite Teddy : *"Il ne faut jamais rien lâcher et croire en soi, croire en ses capacités. Pour intégrer les forces spéciales, mais aussi dans la vie de tous les jours ou dans le monde de l'entrepreneuriat que j'ai découvert, rien n'est facile, mais rien n'est impossible. Il faut apprendre de ses erreurs et toujours se relever. Sur le papier d'autres étaient beaucoup plus forts que moi lors du stage commando, pourtant ils ont échoué et je suis allé au bout. C'est une question de volonté et de vouloir atteindre ses objectifs. Avec*

---

2   Centre de recrutement des armées.

3   Défense Zone épisode #52 - "Préparation physique pour les forces spéciales"

une bonne préparation et un bon accompagnement, tout le monde peut y arriver".

Faire ses classes

Toute formation militaire commence par "les classes", peu importe le grade de départ, futur militaire du rang ou officier. Cet épisode dure plusieurs mois. En fonction du cadre familial et le passif des engagés, l'expérience s'avère plus ou moins douloureuse.

Car le militaire y touche davantage la serpillère que le fusil. Les fameux TIG (travaux d'intérêt général) consistant à récurer les toilettes et nettoyer le sol occupent une grande partie de son temps afin d'apprendre la discipline et l'humilité. Même pour un officier en formation à l'académie de Saint-Cyr, il n'y a pas de "raccourci", aucune échappatoire. Il faut impérativement passer par ces étapes initiales.

Brillant, ce système, qui impose la même case départ à tout militaire, leur permet d'expérimenter très concrètement ce qu'ils devront ensuite demander de leurs subalternes. Tout entrepreneur devrait appliquer ce principe dans son parcours professionnel. Savoir tout faire soi-même dans son activité s'avère absolument nécessaire pour pouvoir déléguer un jour. Cela fait partie des enseignements que j'ai appliqué personnellement au sein de mes entreprises et notamment du média *Défense Zone*. De l'écriture des articles à la mise en page, de la comptabilité au marketing, il n'y a pas une seule étape que je ne maîtrise pas moi-même. Je sais me servir de tous les logiciels utilisés au quotidien par les salariés et j'ai géré moi même la logistique, le stockage, l'archivage et les expéditions du magazine au début de l'aventure.

Avant d'envisager de déléguer une tâche, administrative ou créative, vous DEVEZ apprendre à la maîtriser vous même, afin de comprendre comment l'exécuter, expliquer ce que vous souhaitez, puis la confier à une personne qui la fera mieux que vous. Si vous ne faites pas cet effort, vous perdrez du temps sur le long terme et probablement de l'argent. Sans maîtrise, si vous tombez sur des personnes incompétentes ou malveillantes, elles pourront profiter de votre manque d'expérience.

Autre enseignement inspirant et très utile appris à l'armée : tout commence par faire son lit le matin. Vous avez probablement écouté ce discours très célèbre du général William H. McRaven, général américain derrière l'opération Neptune's Spear ayant abouti à la mort d'Oussama ben Laden en 2011. Le 17 mai 2014, lors d'un discours de remise de diplômes universitaires au Texas, l'officier a partagé dix conseils pour "changer le monde". Le premier était *"Si vous voulez changer le monde, commencez par faire votre lit"*.

Voici un extrait du discours *"Chaque matin de cette formation initiale des forces spéciales, mes instructeurs, qui à l'époque étaient tous d'anciens combattants du Vietnam, montaient dans nos baraquements et la première chose qu'ils inspectaient était votre lit. Si vous le faisiez bien, les coins étaient carrés, les couvertures tirées bien serrées, l'oreiller centré juste sous la tête de lit et la couverture supplémentaire pliée soigneusement au pied de l'étagère – c'est le langage des forces spéciales pour désigner un lit. C'était une tâche simple, ordinaire au mieux. Mais chaque matin, il nous était nécessaire de faire notre lit à la perfection. Cela semblait un peu ridicule à l'époque, en particulier compte tenu du fait que nous aspirions à être de vrais combattants, des membres des forces spéciales durs et rodés à la bataille, mais la sagesse de ce simple geste m'a été prouvée à maintes reprises. Si vous faites votre lit chaque matin, vous aurez accompli la première tâche de la journée. Ceci vous donnera un petit sentiment de fierté qui vous encouragera à faire une autre tâche puis une autre et encore une autre. À la fin de la journée, cette tâche que vous aurez accomplie se sera transformée en de nombreuses tâches achevées. Faire votre lit renforcera également le constat que les petites choses dans la vie comptent. Si vous ne pouvez pas bien faire les petites choses, vous ne ferez jamais bien les grandes. Et, si par hasard, vous avez eu une mauvaise journée, vous reviendrez chez vous où vous attend un lit qui est fait – que vous avez fait – et un lit fait vous procure l'encouragement que demain sera un autre jour"*.

Ce conseil est également donné par un autre général, parodié par Brad Pitt dans le film *War Machine* (excellent film sur le leadership que je recommande au passage). Au cours d'une interview dans le podcast de Tim Ferris[4], le général Stanley McChrystal insiste sur l'importance de commencer sa journée par faire son lit mais aussi une séance de sport. En faisant cela religieusement et avec une discipline sans faille, cela permet d'être certain que sa journée sera

---

4   https://tim.blog/2021/09/30/general-stanley-mcchrystal/

productive et efficace, même si les mauvaises nouvelles et les problèmes s'accumulent au fil des heures.

Enfin, la période de classe est un moment fort en termes d'apprentissage, d'acculturation, mais aussi de camaraderie. Les jeunes font de leurs cadres des mentors et des amitiés fortes se créent. Pour parvenir à cela, les militaires instructeurs doivent faire preuve de pédagogie et de psychologie, comme le rappelle le Major Gérald (lors de son passage dans le podcast *Défense Zone*, épisode 45) en devant trouver parfois le bon curseur *"entre le rôle du moniteur de sport "sympa" qui enseigne avec exigence et pédagogie, et l'instructeur commando qui doit parfois changer de personnalité pour amener les soldats au bout d'eux-mêmes, les pousser dans leurs retranchements. Car l'ennemi n'aura aucun scrupule envers eux, il faut donc les emmener au-delà de leurs capacités"*.

La méthode Légion

En parlant du major Gérald, on ne peut pas parler d'humilité et de formation des chefs sans aborder la "méthode Légion étrangère". Depuis 1830, l'armée française accueille et forme des soldats étrangers ayant fait le choix de tout quitter et donner leur vie à un autre pays. Chaque année, ils sont des milliers à venir des quatre coins du monde, apprendre les rudiments de la langue de Molière en quelques semaines et pour certains, au bout de quelques années, à devenir des sous-officiers, voire des officiers de l'armée française. En découvrant cela, j'ai tout de suite voulu en savoir plus sur cette "méthode Légion" et je me suis donc rendu à Castelnaudary où est basé le 4e RE[5], le régiment "école" de la Légion. Après sa sélection à Aubagne, où ses aptitudes médicales et psychologiques ont été vérifiées, le légionnaire débute par une formation générale initiale (FGI) d'une durée de 16 semaines. Il reviendra au 4e RE tout au long de sa carrière afin de progresser en grade ou en technicité, à travers des stages plus ou moins longs. Encadré par un chef de groupe, il va apprendre les rudiments de la vie militaire, de la vie en collectivité, des règles d'hygiène et à être un vrai soldat. *"Quand il aura quitté l'instruction, il saura parfaitement utiliser son arme, aura une condition physique assez bonne pour être projeté en opération (au moins en Sentinelle), comprendra assez de*

---

5 4e Régiment étranger

mots en français pour interagir avec son chef d'équipe et aura appris les règles de vie de la Légion, en tout cas assez pour pouvoir s'épanouir en régiment", explique le Lieutenant-colonel Thomas, chef du bureau instruction et emploi (BIE) du 4e RE[6].

Cet enseignement de la discipline à la Légion se résume très simplement : présentation des règles et application. Il est toutefois progressif lui aussi. Le premier jour, la recrue apprend à faire son lit au carré, à garder sa chambre rangée et propre et à avoir une tenue correcte. Ce dernier point passe notamment par le soin et la rigueur apportés au repassage de la chemisette, dont les plis doivent être parfaits. *"Quand les plis sont bien faits sur le légionnaire, on peut tout lui demander"*, assure le chef du BIE. L'objectif de cet apprentissage de la discipline est de préparer des militaires obéissants, respectueux et réactifs.

Cette discipline et les valeurs militaires leur serviront d'ailleurs même après leur carrière dans la Légion, afin de monter leur propre entreprise. Le Lieutenant-colonel Thomas raconte ainsi l'exemple d'un légionnaire qui souhaitait postuler dans un domaine viticole. Le recruteur lui a donné le lieu et l'heure de rendez-vous. Alors qu'il n'avait plus de véhicule, le légionnaire a marché quatre heures pour se présenter à 7h30 comme convenu. *"Lorsque vous êtes employeur et que vous voyez ça, vous ne pouvez que lui faire confiance, d'emblée."*

Pour être capable de communiquer avec ses camarades et ses supérieurs, le légionnaire doit apprendre le français. Le minimum fixé pendant la formation initiale est de 500 mots : 250 mots de français courant et 250 mots de vocabulaire militaire. Cet apprentissage est *"un vrai choc culturel et linguistique"*, explique l'officier, et s'appuie sur trois règles : les militaires doivent parler uniquement en français, afin d'acquérir rapidement les rudiments de la langue ils sont en binôme avec des francophones, pour que ceux-ci puissent leur expliquer de façon basique s'ils ne comprennent pas, et ils suivent quotidiennement des cours de français, délivré par leur chef de section. Au-delà de cours théoriques, parfois difficiles à transmettre à des recrues venant des quatre coins du globe, la pratique est favorisée. Ainsi, des quartiers libres encadrés par un chef de section permettent d'enseigner à un petit groupe des connaissances

---

6 Podcast Défense Zone épisode #19 - "Les coulisses de la formation à la Légion étrangère"

utiles au quotidien : comment retirer de l'argent, commander un verre au bar ou une pizza, interagir avec les gens…

Certains rejoignent la Légion en ayant déjà un passé de soldat. *"On ne juge pas un légionnaire sur ce qu'il a fait, mais sur ce qu'il veut démontrer en arrivant à la Légion"*, énonce le Lieutenant-colonel Thomas. Cependant, même s'il fait preuve de certaines prédispositions ou qualités et a survolé certaines étapes de la formation, il ne se verra confier plus de responsabilités plus rapidement. Tous les légionnaires sont égaux, qu'ils aient été médecin, ingénieur, caissier ou général d'armée. D'ailleurs, certains ne préfèrent pas mettre en avant leur service antérieur. *"J'ai un secrétaire qui était officier dans la marine russe, donne en exemple l'officier du BIE, il est caporal-chef et ne souhaite pas être officier, ni même forcément sous-officier."*

À partir de cinq ans de contrat, si ses états de service sont bons, ou lorsqu'il est blessé en opération, le légionnaire peut prétendre à la nationalité française. Toutefois, tous ne la demandent pas et certains s'attachent davantage à la Légion qu'au pays. L'officier du 4e RE explique : *"Pour moi officier français, c'est la France qui autorise l'engagement des légionnaires, parce que la Légion Étrangère appartient à la France. Pour les légionnaires, cette dimension est lointaine. Il rejoint la Légion, qui sert la France. La France peut devenir son pays d'adoption, mais avant tout c'est la Légion qui l'accueille, c'est au sein d'elle qu'il va se faire des frères d'armes, retrouver des gens qui auront fait les mêmes démarches que lui, avec qui il va partir en opération, perdre des camarades, remporter des succès. La France est une notion un peu plus lointaine."*

Pour d'autres, obtenir la nationalité française est un aboutissement et ils se réalisent de cette manière, mais *"ce n'est ni une généralité, ni une règle."* Cette cohésion au sein de la Légion se ressent aussi à la période de Noël, symbole d'une fête de famille. Les légionnaires la fêtent tous ensemble, même ceux qui sont mariés ou ont des enfants : *"c'est la fraternité d'armes qui prime. C'est important car on parle souvent de cohésion, d'aller au combat ensemble, mais ça n'a pas de sens si on ne témoigne pas de cet esprit de solidarité, de famille, dans ces moments-là."*

L'officier assure également que même si elle ne semble pas innée, la cohésion de groupe se développe rapidement : *"Il n'y a à priori aucune raison d'apprécier un autre légionnaire qui s'est engagé au même moment : vous ne vous connaissez pas, vous ne parlez pas la*

*même langue, voire même, vous avez des histoires, des cultures an-
tagonistes. Mais quand vous coupez ce légionnaire de son environnement familial, sociétal, culturel, linguistique... que vous l'isolez
dans une ferme, que vous l'amenez à vivre des moments exigeants,
rigoureux, avec une discipline dure... Pour pouvoir s'en sortir, il
est obligé de faire appel à son camarade à côté. On met les légionnaires dans les conditions de développer entre eux cette cohésion.
Elle va faire qu'ils surmonteront ensemble la rigueur et l'exigence
de la formation initiale. D'individualités, vous deviendrez un collectif, qui vous permettra de réaliser des choses dont vous ne vous
pensiez pas capable."*

Être et durer

"Qui ose gagne" n'est pas la devise la plus célèbre chez les militaires. Celle du 3e RPIMa[7] est probablement la plus connue. "Être
et durer" est devenu un mantra qu'un soldat se répète au cours des
nombreux moments compliqués et éprouvants auxquels il doit faire
face. Car pour apprendre l'humilité, les futurs chefs sont durement
mis à l'épreuve physiquement et psychologiquement. C'est notamment le cas lors de "stages commandos", qui clôturent en général
les classes d'un militaire mais peuvent aussi se faire à différents
moments de leur carrière.

Le stage commando est ce qui manque peut-être le plus à un
entrepreneur. Apprendre la rusticité, la résilience, apprendre à se
connaître et découvrir ses limites physiques et psychologiques
représente une importance colossale pour avancer dans la vie.
Même si les obstacles glissés par la vie sur notre chemin nous permettent de toucher du doigt nos limites et d'apprendre la résilience,
rien n'est aussi efficace qu'un entraînement et des mises en situations extrêmes.

Pour avoir eu l'occasion de suivre en tant que stagiaire le stage
"journaliste en zone de guerre" au CNEC (centre national d'entraînement commando) ainsi qu'une fausse (mais très réaliste)
prise d'otage avec simulacre d'exécution et interrogatoire musclé,
je peux vous garantir que le corps et l'esprit humains ont besoin

---

7   3e Régiment parachutiste d'infanterie de marine basé à Carcassonne

d'être poussés bien en dehors de notre zone de confort pour évoluer et progresser.

Paradoxalement, un jeune soldat apprend très vite au cours de son instruction que les pires moments qu'ils s'apprêtent à vivre seront les meilleurs souvenirs qu'il gardera de son passage dans l'institution. Johan Lara, un ancien opérateur des forces spéciales, le confiait dans un épisode du podcast *Défense Zone*[8] : *"Quand je dois mener à bien une mission aujourd'hui, je pense toujours à ces moments où j'étais dans la galère au fond d'un trou, trempé, en ayant froid, faim ; ce genre d'expérience m'a poussé dans mes retranchements et me permet de relativiser."*

Nous pouvons tous faire le même constat. Quand nous regardons derrière nous en pensant à quelque chose qui nous rend fier, il est rarement question d'un évènement ne nous ayant pas fait souffrir.

La question de la reconnaissance

Lors d'un reportage au Niger, j'ai rencontré un ancien agent clandestin de la DGSE. Lors d'un verre dans un bar de Niamey, je lui posais une question me brûlant les lèvres depuis que j'avais vu la série "Le bureau des légendes" : pourquoi s'engager dans ce métier et comment on gère la frustration d'être "sacrifiable" et de n'avoir aucune reconnaissance pour son travail ? Car plus encore que n'importe quel militaire engagé au service de la France, ces derniers doivent non seulement renoncer à toute reconnaissance mais sont également invités à mentir à leur entourage. Esquissant un sourire, ce dernier se contenta de la réponse suivante : *"c'est une bonne question"*.

Cette question, n'importe quel entrepreneur ayant des salariés ou des prestataires peut légitimement se la poser au quotidien. Car le statut de leader peut s'avérer terriblement ingrat. En plus de prendre les décisions, bonnes ou mauvaises, un bon leader doit donner le crédit aux autres quand tout va bien, mais aussi endosser les responsabilités quand tout va mal. Il y a presque un côté masochiste dans la démarche. D'ailleurs, un entrepreneur ne peut pas se permettre d'attendre quelque forme de reconnaissance des autres, car ce n'est pas cela qui lui permettra d'avancer sur le long terme (on

---

8   Épisode #07 - "Lara Tactical, de l'armée à l'entrepreneuriat"

abordera plus en détail cela dans le prochain chapitre sur la question de la responsabilité).

Dans le monde militaire, le système pyramidal et hiérarchique intègre néanmoins cette problématique de la reconnaissance. Il y a les médailles, les titres et autres cérémoniales s'appliquant même après la mort du soldat, sur sa tombe… Mais à en croire les militaires rencontrés, ce n'est pas le vrai moteur de leur motivation, ce qui les pousse à s'engager, à prendre des risques.

Peut-être est-il alors question d'une sorte de reconnaissance personnelle, de soi à soi, une forme d'égo que développe bien Alex French SAS, un autre ex-opérateur des forces spéciales intervenu dans le podcast[9]. Pour lui, il faut distinguer l'ego et l'égocentrisme : *"être égocentrique, c'est penser qu'on est la seule personne importante dans le monde. Être narcissique, c'est penser qu'on est le plus beau. Mais avoir de l'ego, c'est avoir de l'amour propre et du respect pour soi-même. L'ego est avant tout un moteur pour repousser ses limites et rebondir sur ses échecs. Quelqu'un qui a de l'égo se relève et se dit qu'il va prouver qu'il en est capable, qu'il peut réussir."* Le manque d'humilité est parfois reproché à l'ancien soldat devenu désormais entrepreneur. *"L'humilité, ça t'apporte quoi dans la vie ? Des femmes, de l'argent, ça remplit ton frigo ?"*, surenchérit Alex. Lorsqu'il s'est retrouvé à dormir dans sa voiture tandis qu'il investissait ses fonds dans son projet d'entreprise, il s'est dit *"arrête d'être trop humble. Tu es quelqu'un qui a une grosse capacité de travail, qui a de l'audace, lance-toi !"* C'est ainsi que naît son compte Instagram "Alex French SAS", sur lequel il se sert de son image d'ancien des forces spéciales pour se vendre et se faire connaître.

Illustration : Un saint-cyrien képi blanc

Abderaman Rahma est un ancien militaire, d'origine tchadienne, au parcours atypique. Durant son enfance, il suit son père, alors ambassadeur, lors de ses différentes affectations au Proche et Moyen Orient. Ces nombreux voyages et son envie d'action le suivront toute sa vie. Il finit sa scolarité dans son pays natal, mais ne sait pas encore vers quelle voie se diriger. S'il estime avoir *"eu de la*

---

9   Épisode #32 - "Des forces spéciales à l'entrepreneuriat avec Alex French SAS"

chance d'éviter la guerre civile au Tchad", il la voit néanmoins tout autour de lui, en Libye, en Iran, au Liban… *"J'ai été marqué par la guerre, mais je n'avais jamais conçu un projet de vie autour de l'uniforme"*, explique-t-il. Il rejoint pourtant l'armée tchadienne en tant que jeune élève-officier, et prépare dans le même temps le concours pour l'école de Saint-Cyr en France. Son objectif est alors de revenir au pays après sa formation d'officier, pour aider à "réorganiser l'armée tchadienne" après le coup d'État et la révolution ayant mis fin au régime d'Hissène Habré en 1990. Il réussit son concours et intègre *"cette école dont la réputation dépasse les frontières"*, exprime-t-il avec fierté, au sein de la promotion Chef de bataillon De Cointet entre 1991 et 1994.

Il s'envole vers la France pour la première fois, découvre d'abord Paris puis la Bretagne. Avec une arrivée en février, l'immersion a été rapide, et un peu rude : *"c'était brutal, on rentre dans le dur d'entrée de jeu"*, raconte-t-il. Sa formation à Saint-Cyr dure trois ans, au 3e puis 2e bataillon, suivie par une école d'application à Montpellier, dans l'infanterie.

Après Saint-Cyr, Abderaman Rahma souhaite poursuivre son objectif de rejoindre l'armée tchadienne encore peu professionnelle pour contribuer à sa réorganisation en apportant de nouvelles bases et en la transformant en une armée nationale et non de partisans. Il rencontre une première déception en constatant que la situation a peu évolué en trois ans. Il se met à douter de la *"sincérité du régime à construire une armée nationale"*. S'il en avait eu des échos pendant son séjour en France, ses craintes se confirment. *"Une fois sur place, je me suis rendu compte qu'il y avait eu en effet beaucoup de promesses, beaucoup d'engagements, mais concrètement, on a poursuivi ce contre quoi les gens se sont battus. On a changé de tête mais pas de système"*, analyse-t-il. Pour lui qui voulait servir la nation et non une armée partisane, c'est la douche froide.

Alors que le régime lui propose pourtant un poste intéressant et des avantages, il ne veut pas rentrer dans ce système et émet le souhait de servir plutôt dans la réserve. Abderaman Rahma explique que dans son pays natal, aller contre le sens de l'armée tchadienne peut être mal perçu, voire perçu comme une trahison. *"J'ai vite compris que ça allait mal se passer, donc j'ai demandé à repartir en France"*, poursuit-il. Grâce à sa licence d'histoire, il espère continuer ses études, et voir comment les choses évoluent au Tchad : si le système changeait, ou si sa demande de réserve était acceptée.

Cependant, il n'y a pas d'évolution, et Abderaman Rahma doit s'y résoudre, d'autant plus que sa situation administrative en France devient difficile. On lui propose le statut de réfugié politique, qu'il refuse. *"Mes positions n'étaient pas politiques mais des convictions personnelles et mes principes"*, argumente-t-il. *"Je n'étais pas un opposant politique, mais justement quelqu'un voulant contribuer à l'évolution des choses. Seulement comme je n'en avais pas les moyens, je voulais prendre des distances."* À ce moment charnière, il n'a la possibilité que de travailler 20 heures par semaine, situation précaire d'autant plus compliquée avec une femme et un enfant à charge. Il enchaîne alors les petits boulots : *"avec le recul, ça a été constructif. Mais quand on est dedans, c'est difficile. Quand on a fait Saint-Cyr, qu'on a quitté une bonne situation sociale, des privilèges, c'est difficile de se retrouver à distribuer Ouest France (un journal quotidien, ndlr) le matin, de temps en temps faire la plonge, décharger l'aéropostal... C'étaient des choix difficiles mais assumés"*, raconte celui qui n'a jamais regretté de ne pas retourner au Tchad et de s'asseoir sur ses principes. Pour pouvoir tourner la page, il demande la nationalité française. Il commence alors à travailler comme intervenant sur des dispositifs de l'Education Nationale pour l'enseignement privé (missions d'insertion des jeunes, mise en place de classes relais pour les accompagner), et réalise quelques heures d'enseignement. Toujours installé en Bretagne, à Rennes, il contribue à d'autres projets de structures associatives, au profit de l'insertion des jeunes. Cela lui tient à cœur : *"c'est un engagement et un investissement pour pouvoir apporter de l'aide. Je sais ce que c'est d'être étranger, expatrié ; j'étais très bien placé pour connaître les difficultés de ces familles-là et de l'Education Nationale. C'était ma contribution"*, explique-t-il.

"J'ai essayé de déployer le meilleur de moi-même, mais ça n'a pas suffi à tourner vraiment la page", mentionne Abderaman, qui n'arrivait pas à renoncer à la vocation militaire dont il rêvait depuis qu'il était jeune adulte. Pour "faire réellement le deuil", il a alors voulu réintégrer l'armée, faire son contrat de cinq ans et la quitter, tourner définitivement la page. À 31 ans, il était trop tard pour qu'il revienne dans un régiment classique. Il choisit alors d'entrer à la Légion Étrangère, conscient des efforts qu'il aurait à faire, de laisser sa famille pendant plusieurs mois afin de suivre la formation, et de renoncer à sa nationalité française durant un temps. À la fin des quatre mois de formation en ferme, il est affecté à Nîmes au 2e régiment étranger d'infanterie, un *"très beau régiment au sein duquel je me suis épanoui"*, précise-t-il. Pendant cinq ans, il cache complètement son passé : *"on est quelqu'un d'autre, il faut s'adapter*

*à un nouveau nom, une nouvelle signature, une nouvelle vie, diffé-
rente de celle qu'on a vécu et du parcours qu'on aurait pu avoir."*

À la Légion, mis à part le commandement et la division sécurité
et protection de la Légion, personne ne connait son origine tchadienne, sa nationalité française ou sa formation à Saint-Cyr. Il a fait
ce choix compliqué, à la fois pour se préserver, mais aussi pour ne
pas déstabiliser ses propres cadres et officiers. Abderaman Rahma
assure ne pas être un cas isolé à la Légion puisqu'elle accueille de
nombreux hommes aux parcours divers. C'est d'ailleurs ce qui en
fait sa richesse. Chacun vient et apporte ce qu'il sait, humblement,
et se met au service de l'ensemble, de la Patrie. Il considère ainsi
toutes ses expériences passées et ses jobs comme bénéfiques, par-
ticipant à le construire tel qu'il est. Ce parcours lui a aussi permis
d'acquérir une vision globale, avec plus de recul et de bienveil-
lance, surtout lorsqu'il a eu plus tard des responsabilités auprès de
ses subalternes.

Après la Légion Étrangère, Abderaman devient attaché d'administration de l'État *"pour pouvoir servir encore plus"*. Il élabore et
met en place des politiques publiques. Ce poste interministériel lui
permet une certaine mobilité fonctionnelle et géographique, ce dont
il a besoin pour *"engranger des expériences, des compétences, et
pouvoir ensuite les déployer autrement et avec plus d'efficience."*
Il retrouve ensuite l'Éducation Nationale avec un poste de gestion-
naire d'établissement, puis l'administration centrale à Paris où il
contribue à l'élaboration des textes de formations de santé et para-
médicales. Enfin, il participe au déploiement du Service National
Universel (SNU)[10] par son poste de chef de projet pour le dépar-
tement de l'Essonne. Il est constitué de trois phases : un séjour
cohésion de deux semaines dans un centre (modules autour de la
citoyenneté, de la sécurité routière, du sport, des cybermenaces…),
une mise en œuvre de leur engagement dans le cadre d'une mission
d'intérêt général de 80 heures, et enfin trois mois minimum au sein
d'une collectivité, d'une association ou au service de l'uniforme
(réserve citoyenne, pompier volontaire…). Abderaman se présente
comme *"au service de la Nation, et plus spécifiquement de la jeunesse, car à mon sens la jeunesse est l'avenir d'un pays."*

Que ce soit à Saint-Cyr, dans ses différents petits boulots, ses expériences dans l'armée ou dans l'administration, Abderaman

---

10 Pour rappel, le SNU est un projet d'Emmanuel Macron qui devrait se généraliser en 2024, et être

déployé pour l'ensemble des 15-17 ans à partir de 2026

a toujours eu à cœur de servir, faisant preuve d'humilité et d'un grand sens de l'engagement. Acceptant de recevoir des ordres d'un apprenti lorsqu'il faisait la plonge alors qu'il avait un bac +5, ou d'un officier alors que lui-même avait fait Saint-Cyr. *"La modestie, on la gagne auprès des autres car on sait que chacun peut apporter quelque chose, de par sa force et sa lucidité"*, conclut Abderaman. Que soit à Saint-Cyr, dans ses différents petits boulots, ses expériences dans l'armée ou dans l'administration, Abderaman Rahma a toujours eu à cœur de servir, faisant preuve d'un grand sens de l'engagement tout en restant humble.

L'humilité du leader : les points principaux résumés

→ Devenir un leader tout comme devenir entrepreneur est à la portée de tout le monde, du moins en théorie. Il n'y a pas de barrière à l'entrée, sinon celles que vous vous fixez vous-même.

→ Vous devez faire vos classes et donc passer par une phase d'instruction plus ou moins douloureuse mais nécessaire pour apprendre l'humilité.

→ La méthode "Légion étrangère" est efficace et a fait ses preuves, inspirez-vous-en.

→ Le plus dur est toujours de durer sur le long terme. Rappelez-vous de la devise du 3e RPIMa : "Être et durer".

→ Oubliez la reconnaissance des autres et concentrez-vous sur vos objectifs. N'attendez rien des autres mais beaucoup de vous-même.

"Ce qui est rare, ce n'est pas le talent, la compétence ou même la confiance, mais l'humilité, la diligence et la connaissance profonde de soi."

Ryan Holiday - Ego is the enemy

PARTIE 2
RESPONSABILITÉ

Il est 18h et il fait déjà nuit noire dans le petit camp militaire d'Ansongo. Les 38 soldats français qui composent le DLAO (détachement de liaison et d'appui opérationnel) sont réunis devant la tente du CDU, le commandant d'unité. À part deux militaires postés en haut de la tour de guet du camp, ayant pour mission de surveiller les environs en cas d'attaque, tout le monde est réuni pour le débriefing de la journée. Après un viril "Garde à vous !" lancé par un sous-officier, le CDU prend la parole. Ce capitaine approchant de la quarantaine rappelle à tous qu'ils viennent d'attaquer le centième jour de leur déploiement au Mali. Dans un mois, il sera temps de rentrer en France. À l'approche de Noël, dans quelques jours, il faut redoubler d'attention et rester concentré sur la mission.

Après un rapide retour sur la journée tout juste achevée, le capitaine s'adresse à moi pour me souhaiter la bienvenue dans le camp. Je m'apprête à rester quelques jours avec eux et l'officier tient à mettre les choses au clair : *"Je ne vais pas vous rappeler qu'ici, vous devez écouter les consignes que nous vous donnons, pour votre propre sécurité ainsi que la nôtre. Je ne vais pas vérifier ce que vous faites parce que je considère que vous savez qu'en cas de problème vous retournerez en France et je fais donc le choix de vous faire confiance"*. À ce moment-là, je ne peux cacher mon sourire, tant lui et moi sommes sur la même longueur d'onde. Il faut dire que les jours précédents ont été plutôt compliqués, l'officier presse chargé de m'aider à réaliser mon reportage faisait preuve d'un zèle et d'une méfiance extrême, ce qui était plus handicapant qu'autre chose. *"Enfin quelqu'un qui comprend que tout est une question de bon sens et de confiance"*, me dis-je alors.

Les jours suivants furent très intéressants et surtout ultra-productifs. Le reportage photo réalisé dans cette dangereuse mais passionnante région du Sahel a été acheté et publié par le magazine *VSD* une fois rentré en France. Tout cela n'aurait pas été possible sans confiance ni responsabilité. L'une et l'autre sont complémentaires. Quelqu'un de responsable peut être digne de confiance, et faire preuve de confiance amène les autres à faire preuve de responsabilité.

Assumer sa pleine responsabilité

Le charisme d'un leader vient souvent de sa capacité à prendre ses responsabilités. Dans une chaîne hiérarchique, que ce soit celle de l'armée ou au sein d'une entreprise, l'avancement et le passage d'un grade à un autre, vont de pair avec de nouvelles responsabilités.

On attend des dirigeants d'être en mesure de les assumer. Or le concept de hiérarchie permet plus ou moins facilement de rejeter une faute sur les autres ou même carrément sur le système quand il est davantage question de bureaucratie et de procédures derrière lesquelles peuvent se cacher des fautifs. Dans la littérature et le cinéma, le leader, qui incarne alors la figure romantique du héros, prend ses responsabilités, même si cela implique beaucoup de problèmes. Que ce soit par loyauté, sens du devoir ou patriotisme, il se sacrifie pour les autres, pour le bien commun.

Sans aller jusqu'à prendre une balle pour quelqu'un d'autre, le concept de responsabilité commence par l'honnêteté et le courage d'assumer un échec. Dans son livre *Extreme ownership*, Jocko Willink affirme que *"Le succès d'une équipe dépend de la volonté du leader d'assumer la responsabilité d'un échec"*. En 2012, cet ancien Navy SEAL[1] se retrouve à Ramadi, en Irak, à la tête d'une unité opérationnelle des forces spéciales. Lorsque l'équipe commence à essuyer des tirs nourris de ce qu'elle pensait être l'ennemi, un soldat perd la vie. À leur grande horreur, le groupe apprend plus tard que les balles venaient en fait des tirs amis d'une autre unité. Jocko Willink, officier le plus gradé présent sur l'opération, s'est directement désigné comme le seul responsable au lieu de trouver un bouc-émissaire et chercher à se dédouaner. Ses supérieurs, sachant que les leaders font des erreurs, mais que les meilleurs en assument la responsabilité, ne l'ont ni sanctionné, ni privé de son commandement.

Dans l'entraînement des Navy SEAL (l'une des instructions militaires considérées comme les plus difficiles au monde), les personnes les moins performantes rejettent la faute sur leurs subordonnés ou sur le scénario au lieu d'en assumer elles-mêmes la charge. À l'inverse, ceux obtenant les meilleurs résultats, non seulement assument la responsabilité de leurs erreurs, mais cherchent en plus à être corrigés par leurs supérieurs.

---

1   Forces spéciales de la marine américaine

Il convient de retenir qu'en matière de leadership, l'attitude d'un leader se transmet généralement aux membres de son équipe. Si la direction ne prend pas la responsabilité de ses erreurs, les subalternes ne le feront pas non plus, et personne n'évolue. Et inversement : si les leaders assument, les membres de leur équipe sont prêts à faire de même. Tout le monde devient plus efficace lorsqu'un leader a une vision positive de son rôle, dans les bons comme dans les mauvais moments.

Connaissance de soi

Devenir une personne responsable passe forcément par une connaissance la plus précise possible de soi. Pourquoi ? Parce que si vous ne vous connaissez pas assez bien, vous ne pouvez pas savoir de quoi vous êtes capable, quelles sont vos limites et les choses pour lesquelles vous pouvez être digne de confiance.

Attention, "connaissance de soi" ne veut pas forcément dire "confiance en soi", même si plus vous vous connaîtrez, plus il sera aisé d'avoir confiance en vous et de croire en vos capacités.

Autre intérêt : pouvoir éviter de renvoyer ses propres frustrations ou échecs sur les autres. (Re)connaître un problème avec l'argent ou le succès, par peur ou parce que votre entourage vous a toujours dit que c'était une mauvaise chose, permet de ne pas transférer tout cela sur les autres. Dans énormément de secteurs professionnels, beaucoup "d'experts" ou de "formateurs" enseignent ou véhiculent des idées par le prisme de leurs propres peurs, frustrations, échecs ou croyances. Cela est dommageable pour toute personne suivant aveuglément ces conseils. Un vrai leader doit comprendre les biais cognitifs manipulant ses pensées et influant sa vision du monde s'il veut faire preuve d'honnêteté et de responsabilité.

Être responsable de soi

Si on poursuit ce raisonnement, avant d'aider les autres, il faut s'aider soi-même. Cela relève du bon sens, pourtant il faut sans cesse le répéter. À l'image des consignes de sécurité données constamment par l'équipage d'un avion de ligne, en cas de dépressurisation de l'appareil, il faut mettre un masque à oxygène sur soi avant de le mettre sur ses enfants. Si vous n'êtes pas stable émotionnellement, ni financièrement, vouloir fonder une famille et devenir responsable de quelqu'un d'autre n'est pas forcément le meilleur choix de votre vie.

À son arrivée à l'armée, la jeune recrue apprend en premier à faire son lit. Mettre de l'ordre dans ce domaine intime démontre sa capacité à mettre de l'ordre dans sa vie. Par extension, être capable de prendre quelques minutes pour faire son lit et être ordonné, malgré les problèmes du quotidien et les aléas de la vie, reflète une certaine responsabilité. Cette simple action apporte également un équilibre, comme en témoignent les militaires qui gardent cette habitude après 30 ans de service !

De la même façon, un bon leader se doit d'être exemplaire. Tout comme le chef de section ouvrant la marche et imposant son rythme, vous devez être capable de maîtriser au mieux ce que vous ordonnez aux autres. C'est comme cela que vous gagnerez leur respect. Cela implique donc, au-delà de l'humilité, l'envie de se former en continu, dans le but d'être toujours au top. Un leader devant être généraliste, on ne lui demandera jamais d'être le meilleur dans tout, mais on attendra systématiquement de lui qu'il maîtrise un certain niveau d'expertise dans le plus de domaines possibles. Dans son livre Range, David Epstin affirme que *"le défi auquel nous sommes tous confrontés est de savoir comment maintenir les avantages de l'étendue, de la diversité des expériences, de la réflexion interdisciplinaire et de la concentration différée dans un monde qui incite de plus en plus, voire exige, l'hyperspécialisation."*

Cette capacité à vouloir être généraliste et non pas trop spécialisé s'avère d'autant plus nécessaire qu'elle permet de ne pas tomber dans le piège de l'effet Dunning-Kruger. Ce biais cognitif, aussi appelé "effet de surconfiance" touche toute personne découvrant une nouvelle thématique. Il se manifeste par une propension à surestimer notre expertise dans un domaine que nous ne maîtrisons manifestement pas encore très bien, tandis que nous allons plus facilement émettre des réserves sur notre maîtrise de quelque chose que nous connaissons pourtant mieux. Concrètement, une fois que vous avez regardé trois vidéos sur la blockchain et les cryptomonnaies, vous êtes persuadé d'être devenu un expert en finance décentralisée. Néanmoins, plus vous êtes spécialiste d'un domaine, plus vous aurez la capacité de faire preuve d'humilité et d'y concéder vos lacunes en termes de connaissance.

Enfin, pour un militaire, être responsable de soi signifie également faire attention à sa condition physique. Si ces derniers passent leur temps à faire du sport, cela ne relève pas de pure vanité. En effet, un soldat sait qu'il doit être en mesure de tenir le choc en portant un sac et un équipement de plusieurs dizaines de kilos pendant de longues heures d'opération afin de ne pas mettre en danger son groupe et ses camarades. Cela passe aussi par une discipline sans faille qui permettra d'être réactif et de mener à bien une mission. Car faire du sport au réveil, activer son corps pour la journée et s'entretenir physiquement, tout cela permet scientifiquement de mieux affronter la charge mentale du travail, d'augmenter la confiance en soi et par conséquent diminue la peur face à la prise de risque par exemple.

Prendre ses responsabilités vis-à-vis de son marché

De la même façon qu'un chef militaire se doit d'être responsable et donc exemplaire par rapport à ses subalternes mais aussi son institution (qu'il représente aux yeux du monde), un vrai leader dans le milieu du sport ou de l'entrepreneuriat doit aussi vouloir atteindre un certain niveau d'exemplarité. Et ce, pas uniquement dans son domaine d'expertise. Lorsqu'un joueur de football et son entraîneur se moquent d'un journaliste lors d'une conférence de presse en faisant comprendre que l'écologie est le dernier de leurs problèmes[2], cela fait débat et décrédibilise les principaux concernés. Quand un chanteur américain décide de se présenter à l'élection présidentielle et fait un discours ponctué d'allusions racistes et xénophobes tout en portant un gilet pare-balles en guise de provocation, les marques qui le sponsorisent mettent fin à leurs contrats par peur d'être associées au bad buzz par les consommateurs. On pourrait citer de nombreux exemples de ce genre mais vous avez compris que le rôle de leader implique bien plus que sa responsabilité personnelle, surtout lorsqu'il devient un personnage public. De la même façon qu'une entreprise comme Tesla voit son cours

---

2 En conférence de presse, lundi 5 septembre 2022, l'entraîneur du Paris Saint-Germain a tourné en dérision la question du mode de déplacement du club, en jet privé pour des trajets de moins de 2 heures réalisables en train.

boursier chuter brutalement lorsqu'une vidéo montre Elon Musk se démontant la tête à la marijuana; vos actions, vos paroles et votre comportement ont des répercussions sur le marché.

Illustration : "Le capitaine sombre avec son navire"

Nous sommes le 15 avril 1912. Il est 23h40. Dans sa cabine, Thomas Andrews travaille encore sur les plans du navire dont il est l'architecte et l'un des premiers passagers, à l'occasion de cette traversée de l'Atlantique. Quand soudain un tremblement agite le lustre et le verre de vin posé sur son bureau. Le *Titanic* vient de heurter un iceberg.

La suite, tout le monde la connaît : 2h40 plus tard, le plus grand paquebot du monde sombre dans les eaux glacées, provoquant la mort de 1 500 passagers. Ce que l'on connaît moins, c'est le rôle joué par Thomas tout au long du naufrage, ainsi que sa fin tragique. Très rapidement, l'ingénieur comprend que les dommages sont trop importants et que le navire va couler. Il réussit à convaincre le capitaine Edward Smith de mettre à l'eau les canots de sauvetage et parcourt sans relâche les coursives du navire, exhortant les passagers à mettre leurs gilets de sauvetage et à se rendre sur le pont des embarcations. Plusieurs survivants de cette tragédie ont témoigné de l'héroïsme de Thomas qui n'a eu de cesse d'avertir les passagers tout en essayant d'éviter la panique générale. Certains l'ont même vu se rendre en salles des machines pour rassurer et encourager des ouvriers continuant de travailler auprès des chaudières. Jusqu'à la fin, l'architecte du Titanic, tout comme son capitaine, sont restés sur le navire et ont sombré avec lui sans chercher à fuir leur responsabilité.

La responsabilité du leader : les points principaux résumés

➔ Assumer sa pleine responsabilité : ne jamais reporter une faute ou un échec sur quelqu'un d'autre si vous étiez la personne responsable ce jour-là.

➔ Apprendre à se connaître parfaitement dans le but de devenir digne de confiance.

➔ Être responsable de soi, de sa condition physique et par conséquent mentale, de ses compétences et de son expertise.

➔ Prendre ses responsabilités vis-à-vis de son marché et comprendre que votre parcours peut être inspirant mais aussi critiqué et attaqué si vous ne faites pas preuve de responsabilité.

PARTIE 3
AUDACE

15h, quelque part dans le ciel, à 6000 mètres d'altitude.

L'avion continue de grimper au-dessus des nuages, tout comme mon niveau de stress. Je jette un œil autour de moi et j'ai l'impression d'être dans un film de science-fiction. Tous les occupants du Casa CN-235[1] portent un treillis et respirent dans un masque à oxygène noir leur donnant des allures de Bane (le méchant dans Batman). L'un d'entre eux, équipé d'une petite ardoise d'écolier, écrit le chiffre deux avant de la brandir face à nous. Deux minutes avant largage.

Cela fait plusieurs jours que j'attends ce moment. Les mauvaises conditions météo et quelques problèmes techniques sur l'avion m'ont empêché jusqu'à maintenant d'embarquer avec les sujets de mon reportage. L'heure du grand saut approche à grands pas et j'essaye de me remémorer les consignes que m'a données David quelques minutes avant d'embarquer dans l'avion. L'ouverture de la tranche arrière de l'appareil m'extrait de mes pensées et alors que je vois tout le monde se lever autour de moi, mon stress se transforme en excitation. Nous avançons à petit pas vers le vide jusqu'au moment où le sol se dérobe sous nos pieds. J'ai l'impression que la chute libre ne dure qu'un micro-instant tant la sensation est irréelle. Et puis David ouvre le parachute tandem et tout à coup tout devient calme. Le vacarme de l'accélération laisse place à un silence presque total et j'ai l'impression d'être suspendu dans le ciel, confortablement installé dans mon harnais. *"Tu veux prendre les commandes ?"* me demande David. Encore sonné par cette chute à 180 km/h, le souffle coupé, je ne réponds pas et je saisis presque machinalement les poignées que me tend mon pilote. Le temps de faire quelques virages et David reprend les choses en main pour nous faire atterrir sur la drop zone.

Mon premier saut en parachute s'est bien passé tandis que mon rythme cardiaque redevient normal. En regardant David, je comprends qu'il s'agissait d'un saut de routine pour lui. Normal pour un ancien commando parachutiste devenu aujourd'hui démonstrateur pour un industriel de la Défense. Rien de bien exotique non plus pour les autres chuteurs du jour : des opérateurs des forces spéciales d'armée étrangères. Ces "FS" italiennes, allemandes et

---

1   Avion tactique de transport de troupes.

même malaisiennes étaient venues tester du matériel innovant afin d'améliorer leurs capacités à mener des opérations commandos.

Comme beaucoup, j'ai toujours été fasciné par les forces spéciales et les commandos. Et ce n'est pas pour rien si ces "hommes de l'ombre" capables de mener des missions dangereuses derrière les lignes ennemies ont autant inspiré les auteurs et scénaristes. Sauter en parachute avec eux m'a fait toucher du doigt un élément qui fait de ces soldats des humains exceptionnels : l'audace.

La figure héroïque du commando

En France, l'armée représente des centaines de milliers de personnes et des centaines de métiers et domaines de spécialités, sans parler des différents lieux de garnison. C'est un univers aussi large que varié. Et pourtant, dans l'imaginaire collectif, un militaire est quasiment systématiquement imaginé sous les traits d'un commando, un soldat d'élite sur le champ de bataille "comme dans les films". Dans les médias, les reportages mettant en avant les forces spéciales fonctionnent bien mieux que ceux abordant la thématique de la logistique. Pourtant, sans eau, sans nourriture ni essence, aucune opération ne peut être menée. Cependant, un opérateur des forces spéciales sera toujours plus "sexy" aux yeux du grand public car l'audace et le danger, inhérentes à cette spécialité, attirent et font rêver.

Le cinéma, la littérature et les médias s'intéressent depuis toujours aux "commandos". Dans l'Histoire, les personnages militaires les plus célèbres avaient cette casquette Ulysse et ses compères grecs ont mené l'une des premières opérations commando de l'Histoire à travers le cheval de Troie. D'Artagnan et ses mousquetaires étaient les forces spéciales de la monarchie française, tout comme Cyrano de Bergerac et ses cadets de Gascogne, se voyaient confier par le roi des missions secrètes, les amenant parfois derrière les lignes ennemies. Les Samouraïs, version asiatique des commandos, sont également largement présents dans le cinéma et la littérature.

Du fait de leur exposition plus grande aux dangers et mécaniquement à la mort, les commandos et forces spéciales sont davantage présents dans l'actualité médiatique quand les choses tournent mal. Tout le monde se souvient de la mort de Cédric de Pierrepont et

Alain Bertoncello, les deux commandos marine tués lors d'une libération d'otages en mai 2019. Cet exemple illustre l'attachement aux personnes audacieuses, capables de prendre des risques au profit des autres, quitte à perdre la vie. On reviendra sur la notion d'engagement dans la prochaine partie du livre.

Les bienfaits de la position d'outsider sur un marché

Quand un entrepreneur se lance sur un nouveau marché, il prend d'emblée le rôle "d'outsider". A part dans quelques rares exceptions, personne ne l'attend et n'est prêt à parier sur lui. C'est une très bonne chose car ainsi tout est possible. Vos concurrents ne se méfient pas encore de vous. Les gens ne vous prennent pas encore au sérieux. Et les contraintes auxquelles vous faites face sont une chance à condition de les voir comme telles.

Par exemple, le fait d'avoir une trésorerie limitée vous empêchera de faire des achats d'impulsion et impliquera une optimisation de vos coûts et de vos dépenses. Cela semble anodin, pourtant de nombreuses grosses entreprises font encore l'erreur de ne pas assez capitaliser sur les actifs et les moyens déjà possédés.

Autre avantage de cette position et du manque de moyens : être "contraint" à faire preuve de créativité et d'innovation. En effet, créer et innover sur son marché dans le but de croître plus rapidement, augmenter sa visibilité et son chiffre d'affaires représentent une réelle force.

L'effet de surprise

Pour un commando comme pour tout soldat, l'effet de surprise s'avère indispensable pour réussir une opération militaire. Voilà pourquoi la plupart des missions importantes ou dangereuses sont menées principalement de nuit ou à un moment où l'ennemi ne s'attend pas à être attaqué.

Néanmoins, faire cela demande une prise de risque calculée, ainsi qu'une bonne dose d'audace. Pour Clausewitz, l'un des pères de la théorisation de la stratégie militaire, l'audace est *"ce noble élan, grâce auquel l'âme humaine s'élève au-dessus des dangers les plus menaçants"*.

L'audace permet d'occulter le risque et de faire preuve de courage en passant à l'action. Bien entendu, aucun commando, sauf s'il est kamikaze, ne se précipiterait dans une opération seulement guidée par l'audace. Car il ferait alors preuve de témérité, *"d'audace sans objet"* selon Clausewitz.

Sans aller jusqu'à ces extrémités, mettant en avant le "panache" plutôt que le résultat, l'effet de surprise n'est pas si compliqué à atteindre, et le simple fait de cultiver l'audace peut suffire à y parvenir. En effet, comme le rappelle Robert Greene dans *Les 48 lois du pouvoir*, *"La plupart de gens sont timorés. Ils souhaitent éviter les tensions et les conflits et veulent être aimés de tous. S'ils sont capables de concevoir une action audacieuse, ils la réalisent rarement, terrifiés qu'ils sont par ses conséquences possibles, par le qu'en dira-t-on, par l'hostilité qui risquerait de se déchaîner contre eux."* Robert Greene va plus loin en tentant de comprendre pourquoi faire preuve d'audace est contre-nature pour l'Homme.

Comprendre cela, au même titre qu'appréhender la psychologie humaine, permet de dépasser ses propres limites et réaliser plus de choses : *"On peut invoquer des préoccupations altruistes, le désir de ne pas blesser ou offenser les autres ; en fait, c'est le contraire : la timidité est un signe de narcissisme, un souci de l'image que les autres perçoivent de nous. L'audace, à l'inverse, est un mouvement d'extraversion. Elle met les gens à l'aise parce qu'elle est moins centrée sur elle-même et moins réprimée."*

Le danger : l'égo

Précédemment, nous avons abordé la question de l'égo et de sa potentielle opposition avec le concept d'humilité, nécessaire à tout leader. Evidemment l'égo peut être un moteur pour se dépasser et gagner en confiance en soi, mais il peut également s'avérer extrêmement dangereux, comme le rappelle Ryan Holiday dans son ouvrage Ego is the enemy, *' 'L'ego est l'ennemi de ce que vous voulez et de ce que vous avez : de la maîtrise d'un métier. De la vraie perspicacité créative. Du bon travail avec les autres. De la loyauté et du soutien. De la longévité. De répéter et de conserver votre succès. Il repousse les avantages et les opportunités. C'est un aimant pour les ennemis et les erreurs."*

Marius, ancien commando marine, en parlait lui aussi sur le podcast *Défense Zone*[2] : *"Il faut être un loup. On est un loup dans une meute de loups. Tout le monde veut être chef, c'est comme ça. Sauf qu'en fait, votre ego, vous le savourez mais vous ne le mettez pas sur la place publique. Il y a une autosatisfaction qui est en vous, vous allez en parler à vos proches et à des gens de confiance qui font partie du premier cercle. Quelqu'un qui va se vanter ou mettre son ego sur la place publique ne sera pas apprécié".*

Autre risque avec l'égo : il nous empêche de progresser en nous faisant croire que le succès est prévisible au regard de notre passé victorieux. Marius illustre parfaitement ce risque avec une anecdote. Alors qu'il sert aux commandos après avoir fini major, il renouvelle l'exploit de terminer en première place lors du stage de chef d'équipe, deux ans et demi plus tard. Il se sent alors comme "un champion du monde", et pour une mission en Afrique, postule pour suivre la formation nageur de combat. Cependant, cela ne se passe pas comme prévu et il fait face à de vraies difficultés : *"tout l'égo que j'éprouvais pour avoir mon brevet élémentaire, avec ma sortie comme major, s'effondre en un ou deux mois. Je me retrouve "rasta", c'est-à-dire en échec, mais comme je ne peux pas partir, je suis en soutien de ceux qui restent."* Se retrouver motoriste, à diriger le bateau pendant que ses camarades plongent, lui a mis *"une belle claque"*, avoue Marius, qui considère toutefois que les échecs servent à mieux rebondir.

Comme l'écrit Ryan Holiday : *"on ne peut pas apprendre ce qu'on croit déjà connaître".*

Audace VS prudence

L'une de mes citations préférées est de Napoléon Bonaparte : *"l'art d'être tantôt très prudent et tantôt très audacieux est l'art de réussir".* J'ai souvent pris des décisions en fonction de cette phrase car je suis également persuadé qu'il est nécessaire d'alterner audace et prudence, de trouver le bon curseur entre ambition et retenue pour atteindre ses objectifs.

---

2   Épisode #85 - "Marius, ancien commando marine'

Cette leçon, très utile lorsque l'on se retrouve en phase de négociation ou de vente, démontre également que l'inaction consentie (qui matérialise la prudence), peut aussi être une fin en soi. C'est ce qu'explique Robert Greene dans son livre *Les 48 lois du pouvoir* : *"Une grande part du pouvoir réside non pas dans ce que l'on fait mais dans ce que l'on ne fait pas : les actes irréfléchis et stupides à éviter pour ne pas se jeter dans la gueule du loup. Établissez à l'avance un plan d'action détaillé ; posez-vous les bonnes questions pour sortir du flou. Quels seront les dommages collatéraux ? Vais-je me faire de nouveaux ennemis ? Quelqu'un ramassera-t-il les marrons que j'ai sortis du feu ? Les dénouements malheureux sont plus courants que les triomphes : ne vous laissez pas obnubiler par l'issue glorieuse que vous imaginez."*

Même si faire preuve d'audace est une idée séduisante, il s'avère parfois plus sage et efficace de ne rien dire, de ne rien faire.

Illustration : Conte japonais "Le samouraï, le rônin et le maître de thé"

Il y a fort longtemps, un seigneur japonais visitait la cité d'Edo (l'actuelle Tokyo) et avait amené avec lui son maître du thé, afin de faire profiter les autres de son art. Ce dernier était habillé et coiffé comme un samouraï. Un jour, il croisa un rônin[3] dans une rue. Ce dernier lui demanda son nom et son rang pour être habillé de la sorte. Choqué par la réponse du maître du thé, il défia ce dernier en duel, arguant que pour mériter les attributs du samouraï, il faut savoir se battre et mourir comme tel. Le rônin donna un lieu de rendez-vous et un horaire au maître du thé pour le duel.

Bouleversé par l'idée de se battre avec un guerrier, il se rendit chez un maître d'escrime afin d'y trouver conseil pour mourir dignement. Ce dernier accepta la requête et demanda en contrepartie à son élève d'exécuter une cérémonie du thé. Le malheureux ne pouvait pas refuser cette demande. Alors qu'il accomplissait la cérémonie, toute trace de peur semblait avoir quitté son visage. Il était sereinement concentré sur les tasses et les pots, simples mais beaux, et sur l'arôme délicat des feuilles. Il n'y avait pas de place dans son esprit pour l'anxiété. Ses pensées étaient concentrées sur le rituel.

---

3   Un rônin était, dans le Japon médiéval, un samouraï sans maître

Lorsque la cérémonie est terminée, le maître d'armes se tapa sur la cuisse et s'exclame avec plaisir : *"Voilà ! Pas besoin d'apprendre quoi que ce soit sur le chemin de la mort. Votre état d'esprit lorsque vous accomplissez la cérémonie du thé est tout ce qui est requis. Lorsque vous verrez votre adversaire demain, imaginez que vous êtes sur le point de lui servir le thé. Saluez-le courtoisement, exprimez votre regret de ne pas avoir pu le rencontrer plus tôt, enlevez votre manteau et pliez-le comme vous venez de le faire. Enveloppez votre tête dans un foulard de soie et faites-le avec la même sérénité que vous vous habillez pour le rituel du thé. Dégainez votre épée, et tenez-la bien au-dessus de votre tête. Puis fermez les yeux et préparez-vous au combat."*

C'est exactement ce que fit le maître de thé lorsqu'il rencontra son adversaire le lendemain à l'aube. Le guerrier samouraï s'attendait à une épave tremblante et il fut stupéfait par la présence d'esprit du maître de thé qui se préparait au combat. Les yeux du samouraï se sont ouverts et il vit un homme totalement différent. Il pensait avoir été victime d'une sorte de ruse ou de tromperie, et maintenant il craignait pour sa vie. Le guerrier s'inclina, demanda à être excusé pour son comportement impoli et quitta le lieu du combat avec toute la rapidité et la dignité dont il était capable.

L'audace du leader : les points principaux résumés

→ L'audace est assimilée dans l'imaginaire collectif aux commandos ou aux forces spéciales. Un leader peut s'en inspirer dans sa vie de tous les jours.

→ La position d'outsider représente une opportunité pour un entrepreneur qui se lance et ne doit surtout pas être décriée.

→ D'autant plus que cela vous confère un effet de surprise sur vos adversaires et concurrents.

→ Attention toutefois à ne pas être victime de votre égo, qui en général joue contre vous.

→ Enfin, gardez en tête la phrase de Napoléon Bonaparte : *"l'art d'être tantôt très audacieux et tantôt très prudent, est l'art de réussir"*.

PARTIE 4
ENGAGEMENT

Il est 6h du matin et le vibreur de mon téléphone m'extirpe sauvagement de mes rêves. Les yeux à moitié fermés, j'attrape mon portable. Le message qui apparaît alors me glace le sang et je me demande si je ne suis pas en plein cauchemar.

"Phil s'est tué en BASE hier…"

Je n'arrive pas à le croire. Je ne veux pas le croire. J'appelle sans réfléchir la personne qui m'a écrit. À l'autre bout du fil, cet ami, base jumper lui aussi, semble sous le choc. *"C'était au Brévent, il a impacté le sol sans ouvrir son parachute. On ne sait pas encore ce qu'il s'est passé"*. Après un court échange, je raccroche et ferme les yeux. Les souvenirs de ma dernière conversation avec Phil me viennent en tête. C'était il y a quelques jours à peine et nous discutions d'un projet à venir. Je me remémore les moments passés ensemble sur les falaises de Chamonix… et je laisse couler mes larmes.

Philippe Jean était instructeur à l'école militaire de haute montagne (EMHM). Ce militaire de carrière était passionné de chute libre, de BASE Jump et de wingsuit. Je l'avais rencontré un an auparavant, à l'occasion d'un reportage sur cette école des troupes de montagne et nous avions tout de suite accroché. Le lendemain de notre rencontre dans la station des Houches, où il dispensait un cours de ski freeride à de jeunes lieutenants, il m'amenait avec lui en falaise, pour le photographier sur un saut.

Lister les qualités de cet homme prendrait une journée, mais si je devais n'en garder qu'une au-delà de sa gentillesse, son humanité et son altruisme, ce serait son sens de l'engagement. Grâce à Phil, j'ai compris les multiples définitions de ce mot et qu'il revient aux chefs et leaders de parvenir à toutes les appliquer à soi-même.

Comme tout soldat ayant fait le choix de servir son pays, notamment en opération extérieure, l'adjudant Philippe Jean était engagé pour les autres. Mais son sens de l'engagement ne le quittait pas quand il échangeait le treillis pour sa combinaison ailée, pour s'élancer depuis une falaise avec son parachute. À la recherche d'adrénaline mais avant tout de liberté, il s'engageait à fond dans toutes ses activités, même les plus extrêmes. Phil avait fait le choix de s'engager envers lui-même, de faire ce qu'il aimait, le plus intensément possible, sans retenue, sans peur et sans regret, avec courage et passion.

Son accident a traumatisé et attristé une grande partie de la communauté du paralpinisme. À l'heure où j'écris ces lignes, l'anniversaire de sa mort approche à grand pas et me rappelle à quel point je continuerai à l'admirer et me souvenir de nos moments exceptionnels passés en montagne.

Faire face au risque

"Le combat n'est pas un phénomène "normal", c'est un événement extraordinaire et les individus qui y participent ne le font pas de manière "moyenne". La proximité de la mort et la peur qu'elle induit déforment les individus et leur comportement", écrit Michel Goya dans son livre *Sous le feu, la mort comme hypothèse de travail*. Cet ancien colonel de l'armée de Terre rappelle ainsi la singularité du métier de soldat, surtout par sa proximité avec le risque et notamment le danger de mort. Que ce soit pour la donner ou en être victime, le militaire doit être prêt en tout temps et en tout lieu à composer avec la mort. Or, comme il l'a rappelé lors de son passage dans le podcast[1] : *"le problème c'est que nous sommes dans une société qui a évacué l'idée de la mort. Même les campagnes de recrutement ont tendance à l'occulter. C'est hypocrite à mon sens, car la finalité de l'engagement c'est bien le combat. Le courage, les héros ou la bravoure ne sont pas des concepts de notre temps. Il existe d'autres métiers qui demandent du courage, mais le militaire a cette particularité d'être prêt à risquer sa vie tout autant que de l'ôter. On présente souvent les militaires en périphérie des combats c'est dommage, car à mon sens leur engagement est souvent pour partir en OPEX. Si on les déçoit, ils partent. C'est comme la guerre. On emploie très peu ce mot alors que sur le terrain c'est une réalité. C'est peut-être ce "non-emploi" qui fait que la mort des soldats marque autant. Il ne faut pas prendre les citoyens pour des enfants, on doit leur dire la réalité des prix."*

Les militaires comprennent très bien ce qu'ils (et elles) risquent. *"Quand on rentre dans ces unités, on fait un sacrifice, on y laisse*

---

1 Épisode #39 - "Rencontre avec Michel Goya'

toujours une part de soi", soulignait Louis Saillans dans le pod-cast[2]. Car le risque de mort n'est au final pas le plus présent pour un militaire.

Dans ce métier, la mise à rude épreuve du corps engendre un risque de blessure élevé, difficile voire impossible à éviter totalement. Dans son cas, le Major Gérald raconte qu'il n'a *"jamais eu de blessure grave de type par balle, mais d'ordre sportif à cause du surentraînement, comme des déchirures musculaires, des tendinites…"* Les plus graves sont souvent celles provoquées par *"l'entraînement qu'on s'impose"*, lors de séances individuelles. Il prend l'exemple de plusieurs stages commandos au cours desquels il n'a subi aucune blessure à part une ampoule… jusqu'à un foot amical la dernière journée de formation d'où il repart avec une entorse ! À ces blessures longues à soigner s'ajoute un effet psychologique diminuant la confiance en soi. *"Si la confiance n'est pas revenue, ajoute le légionnaire, on se focalise sur la blessure ; et si on les collectionne, on n'est jamais en pleine possession de ses moyens."* Le mental prend une part importante, également en opération extérieure où il faut *"tenir le choc et serrer les dents"*.

Par ailleurs, dans certaines spécialités, par exemple chez les parachutistes ou les alpins, le danger de se blesser (même mortellement) est bien réel, sauter d'un avion en marche ou grimper un sommet enneigé n'ayant rien d'anodin.

Le chef de corps de l'EMHM (école militaire de haute montagne) le soulignait lors de son passage dans le podcast[3] : *"c'est ce qui est passionnant et fascinant par ce milieu qui vous apporte tellement de merveilles et qui en même temps vous fait croiser la mort. J'aime bien le dire, dans l'EMHM il y a deux fois la lettre M, militaire, montagne, mais il y a un point de convergence qui est celle de la mort. À défaut de la donner parce qu'en montagne pure ça n'arrive pas, on peut par contre la recevoir, on la côtoie, on vit avec. Tous les jeunes qui entrent ici verront à un moment, statistiquement, un de leur camarade disparaître. Et parfois ça peut être en montagne. C'est un milieu d'engagement où on doit prendre sur soi, raisonner avec sagesse, prudence, intelligence, tempérance et toujours avec une grande humilité."*

---

2 Épisode #22 - "Entrer dans les forces spéciales avec Louis Saillans"

3 Épisode #15 - "EMHM, la maison mère des troupes de montagne"

S'engager pour les autres

Face aux risques de se blesser, de mourir ou de voir disparaître leurs camarades, on peut se demander ce qui pousse les militaires à s'engager malgré tout. Car le faible salaire, la fameuse "solde" (qui a donné le mot soldat) ne semble pas être la motivation première. Une fois l'égo et la reconnaissance mis de côté, reste la question de l'altruisme et de la générosité. La devise du GIGN (groupe d'intervention de la gendarmerie nationale) est "s'engager pour la vie" quand celle du RAID (la version police du GIGN) est "servir sans faillir". Pour comprendre cela, on peut citer Albert Einstein qui affirmait que *"seule une vie vécue pour les autres est une vie qui en vaut la peine"*.

Un soldat, comme n'importe quel leader, a besoin d'une cause pour s'affirmer et s'épanouir. Celle-ci doit dépasser sa petite personne et ses propres intérêts pour être légitime.

En analysant les guerres du XXe siècle, on se rend compte qu'un homme ne se bat jamais aussi bien que pour sa famille ou ses camarades. Cette motivation presque féodale se retrouve constamment dans les conflits : *"je me bats pour mon camarade et il se bat pour moi, jusqu'à la mort"*. Ce lien se retrouve dans d'autres armées. Chez les Américains par exemple, les soldats se font des tatouages de groupe sur la peau.

Au sein même de l'institution, cet aspect communautaire est valorisé et encouragé afin de pousser le concept d'équipe avant celui d'individu. Le Colonel Prodhomme, chef de corps du 8e RPIMa l'affirmait dans le podcast[4] : *"il n'y a pas de Rambo chez nous, ça n'existe pas c'est juste au cinéma. Notre force provient du collectif. C'est un peu à l'image d'une équipe de rugby : un ailier n'est rien tout seul, un avant n'est rien tout seul, un arrière n'est rien tout seul. On a besoin du pack, des ailiers, de l'arrière, de tout le monde. C'est la force du collectif qui fait qu'à la fin, on arrive à marquer l'essai ou pas. C'est bien ce collectif que nous nous devons de développer et de consolider, car c'est bien ça qui fera la différence à la fin."*

---

4   Épisode #02 - "Commander un régiment d'infanterie"

L'importance de l'implication

La notion d'engagement n'est rien sans celle d'implication. Sans implication, l'engagement reste théorique.

Nassim Taleb[5] va même encore plus loin en classant les professions et les humains dans la société en fonction de leur niveau d'implication personnelle, à travers le concept de *"skin in the game"*, en bon français "jouer sa peau". Dans un ouvrage du même titre, il explique que pour devenir meilleur, y compris sur le plan moral, un décideur doit accepter (sinon rechercher) le risque et l'implication dans ce qu'il fait au quotidien. Son raisonnement, que l'on peut considérer comme assez radical, peut se résumer par la phrase suivante : si un décideur n'a rien à risquer ou n'est pas prêt à risquer sa propre peau, alors il n'est pas légitime. Au-delà de ses critiques acerbes envers les bureaucrates et autres dirigeants en manque de courage, il donne des clés pour devenir un meilleur leader.

D'ailleurs, pour un soldat ou un entrepreneur, l'implication peut s'avérer une question de vie ou de mort. On le comprend aisément dans le cadre d'une opération militaire mais il faut aussi le percevoir dans l'univers impitoyable de l'entrepreneuriat, où le leader avance souvent seul face aux obstacles menaçant sa sécurité financière et qui peuvent également atteindre sa santé mentale. Un chef d'entreprise peu impliqué ou entouré d'une équipe ne l'étant pas, signe l'arrêt de mort de son entreprise. En avant-propos de ce livre, je définissais d'ailleurs l'entrepreneuriat comme étant "une guerre sans les armes". Dans chaque guerre il y a des ennemis, des échecs, des victoires mais surtout des batailles à mener, jour après jour.

L'implication est une forme d'engagement radical permettant de survivre et réaliser de grandes choses. Si vous souhaitez vous entourer de personnes impliquées, vous devez être un leader inspirant et encore plus impliqué que les autres.

---

5   Écrivain, statisticien et essayiste spécialisé en épistémologie des probabilités et un praticien en mathématiques financières1 libano-américain.

Illustration : Les vrais leaders se servent en dernier

Pour apprendre à devenir un bon leader, il faut absolument lire Simon Sinek. Dans son dernier livre *Leaders Eat Last,* ce conférencier international rappelle notamment que *"le leadership ne consiste pas à être responsable. Le leadership consiste à prendre soin de ceux qui sont à notre charge".* Pour faire illustrer cela, il s'intéresse notamment à l'univers militaire et nous fait remarquer que lorsque les officiers mangent avec leurs soldats, ils veillent à être servis en dernier. La raison est la suivante : dans la hiérarchie militaire, le rang de chef donne accès à des droits mais surtout des devoirs, et parmi eux, celui de protéger et subvenir aux besoins de ses troupes.

J'avais remarqué cela lors de mon passage sur des navires de la Marine nationale. Lorsque tout le monde était à table, le Pacha (le surnom donné au commandant du navire) était systématiquement servi en dernier.

Dans son excellent livre, Simon Sinek pousse la réflexion encore plus loin et donne des raisons scientifiques au fait qu'un bon leader décide de faire passer les besoins des autres avant les siens. Il explique notamment que réaliser de bonnes actions ou venir en aide aux personnes que nous aimons produit des hormones de plaisir dans notre cerveau. La sérotonine, responsable du sentiment de statut et de fierté, est liée à notre besoin de reconnaissance des autres. Quant à l'ocytocine, sécrétée quand nous passons du temps avec nos proches, elle provoque le sentiment de confiance, d'amitié et d'amour.

Un leader capable de s'engager et ayant à cœur de se mettre au service des autres génère ces hormones et sera apprécié sinon aimé.

L'engagement du leader : les points principaux résumés

→ Le propre du soldat est de faire face au risque de la mort, que ce soit de la recevoir ou de la donner. Si le risque peut sembler "moins grave" pour un entrepreneur, il est néanmoins question de vie ou de mort pour son entreprise.

→ Un vrai leader s'engage pour lui mais aussi pour les autres.

→ Pour réussir, il faut savoir s'impliquer, réellement et à 100% dans ce que vous entreprenez.

« Cela semble être une loi de la nature, inflexible et inexorable, que ceux qui ne risquent pas ne peuvent pas gagner. »

Jean-Paul Jones

PARTIE 5
RÉSILIENCE

Cela fait 48h que je suis enfermé dans cette chambre d'hôpital et que j'ai l'interdiction formelle d'en sortir. Le temps commence à être long, surtout sans ordinateur ni internet. Point positif : ma jambe ne me fait plus souffrir et l'énorme hématome sur la cheville a considérablement dégonflé. Point négatif : je ne sais toujours pas quand je pourrai sortir de là…

Ce reportage commençait pourtant tellement bien. Après un long vol de nuit entre Hong Kong et Djibouti, j'arrivais à la dernière étape de mon tour du monde de quatre mois. Mission des dix prochains jours : réaliser un reportage en immersion dans le désert avec les militaires français. Le temps de prendre une douche en arrivant à la base et de changer de tenue pour partir sur le terrain, me voici quelques heures plus tard en train de patrouiller dans les étendues désertiques de ce petit pays de la Corne de l'Afrique, non loin de la frontière avec la Somalie. L'idée est de photographier de jeunes lieutenants de l'armée de Terre en phase finale de formation, ce qu'ils appellent "l'école du désert".

Tout se passe bien le premier jour. Mais le lendemain, alors que nous attaquons une nouvelle marche après une fraîche nuit à bivouaquer, la fatigue de mon voyage commence à se faire ressentir. Tandis que nous dévalons un pierrier*, mon pied droit glisse sur un caillou et je ressens une vive douleur me traversant le corps. Je ne le sais pas encore, mais je viens de me faire une belle entorse. Cependant, étant habitué à ce genre de relief et concentré sur mes photos, je continue à marcher et fais abstraction de la douleur. Les heures et les kilomètres défilent. La douleur s'intensifie peu à peu. Le soleil commençant à descendre, nous prenons la direction de la zone de bivouac. Arrivé sur place, j'installe mon lit de camp et retire mes chaussures. Je découvre avec stupeur que ma cheville a changé de couleur et de taille. L'infirmière sur place confirme que cela ressemble à une entorse et m'annonce que je dois être évacué pour faire des radios. Les déplacements de nuit étant trop dangereux et donc interdits à Djibouti, il faudra attendre le lendemain.

Cette deuxième nuit de bivouac est moins agréable que la première car je commence à avoir des maux de gorge et de tête. Après quelques photos, nous nous mettons en route avec l'officier presse pour la base française et son antenne médicale. Le trajet en 4x4 dure des heures et mes douleurs à la tête et à la gorge me font oublier mon entorse. Nous finissons par arriver à l'antenne médicale où deux médecins m'accueillent devant l'entrée, vêtus d'une combinaison de protection et d'un masque FFP2. Je suis mis en quarantaine et on me fait savoir que j'ai les symptômes d'un mystérieux virus chinois qui inquiète beaucoup de monde… Or ces symptômes sont analogues à ceux du paludisme, de la dengue et même du chikungunya, trois maladies tropicales circulant plutôt bien en ce moment dans le pays. Les clés de ma chambre étant potentiellement contaminées, impossible pour mon officier presse de m'amener des affaires, notamment mon ordinateur qui me permettrait de rentabiliser ce temps à bosser, faute de mieux.

Heureusement, mes récentes lectures m'ont amené à découvrir le stoïcisme et la résilience. Cela me permet de passer ces deux longues journées plus sereinement. Allongé sur mon lit, je repense aux livres de Ryan Holiday, rappelant les principaux enseignements de ce courant de pensée que j'affectionne. La citation de Marc Aurèle* me vient en tête : *"Que la force me soit donnée de supporter ce qui ne peut être changé, le courage de changer ce qui peut l'être mais aussi la sagesse de distinguer l'un de l'autre."*

Quand soudain, le médecin entre dans la chambre, sans combinaison, ni masque. C'est la première fois que je vois son visage complet. Elle m'annonce que les tests sont négatifs à toutes les maladies suspectées, je n'avais au final qu'une simple infection respiratoire et je peux désormais sortir. Mon reportage va pouvoir se poursuivre.

Reprendre les bases : le Stoïcisme

Si on devait attribuer une religion ou du moins un courant de pensée philosophique au leadership, ce serait assurément le stoïcisme.

Tout d'abord parce que de grands leaders historiques se revendiquent stoïciens, tels l'empereur romain Marc Aurèle. Mais aussi parce que ce courant traversant les âges semble le plus en phase avec les valeurs de résilience, d'humilité, de responsabilité ou encore d'engagement propre aux vrais leaders.

Pour apprendre le stoïcisme, Ryan Holiday propose une méthodologie en trois chapitres dans son livre *L'obstacle est le chemin*, illustrée par des exemples issus de la pensée stoïcienne et de faits historiques. Selon l'écrivain américain, il y a trois étapes essentielles pour vaincre les obstacles. Première étape : la perception du problème auquel nous faisons face. Un leader est alors capable de faire abstraction de ses émotions et de percevoir une situation telle qu'elle est objectivement. Puis vient l'action, c'est-à-dire notre comportement face à la situation problématique. Allons-nous laisser tomber rapidement ou allons-nous chercher une opportunité dans la crise ? Enfin, il est question de volonté, celle de gérer l'échec et la difficulté. Un bon leader ne se morfond pas et ne tombe pas dans la dépression. Il tire des leçons de ses échecs et évite de les reproduire.

Les stoïciens savent que demain est un autre jour, peu importent donc les échecs ou les succès. Dans la Rome antique, cela est conceptualisé par le mantra "Memento Mori", du latin *"souviens-toi que tu vas mourir"*. La clef du bonheur réside dans la compréhension de la chance que l'on a de vivre.

En parlant de bonheur, un autre grand concept du stoïcisme a déjà été abordé précédemment, puisqu'il s'agit de la responsabilité. On choisit d'être heureux, car on choisit nos réactions. Nous sommes effectivement autant responsables de nos actions que de nos réactions. Un personnage historique illustre parfaitement ce concept : Épictète. Cet esclave grec devenu philosophe et l'un des pères du stoïcisme ne s'est jamais apitoyé sur son sinistre sort et invitait ses disciples à ne pas se laisser atteindre par les problèmes extérieurs : *"N'attends pas que les événements arrivent comme tu le souhaites, décide de vouloir ce qui arrive et tu seras heureux"*, peut-on lire dans son Manuel ayant traversé les siècles.

Invictus

Invictus signifie invincible. Ce poème a été écrit par William Ernest Henley suite à l'amputation de son pied. Il symbolise la résistance, la résilience face à l'adversité. Il fut l'une des sources d'inspiration de Nelson Mandela, enfermé pendant 27 ans à la prison de Robben Island en Afrique du Sud.

Dans les ténèbres qui m'enserrent,
Noires comme un puits où l'on se noie,
Je rends grâce aux dieux quels qu'ils soient,
Pour mon âme invincible et fière.

Dans de cruelles circonstances,
Je n'ai ni gémi ni pleuré,
Meurtri par cette existence,
Je suis debout bien que blessé.

En ce lieu de colère et de pleurs,
Se profile l'ombre de la mort,
Je ne sais ce que me réserve le sort,
Mais je suis et je resterai sans peur.

Aussi étroit soit le chemin,
Nombreux les châtiments infâmes,
Je suis le maître de mon destin,
Je suis le capitaine de mon âme.

Gestion du stress

Quand on demande aux entrepreneurs de définir leur métier, beaucoup répondent de la même façon : gérer des problèmes. Peu importe votre secteur d'activité, si vous souhaitez entreprendre et vous diriger, il faut avant tout apprendre à gérer son stress. Tout leader doit faire face à des situations stressantes en continu. Les postes à haute responsabilité sont donc les mieux payés. Si le patron d'une multinationale telle qu'Apple touche un salaire de plusieurs millions de dollars par an, c'est parce ses décisions peuvent faire gagner ou perdre des milliards à ses actionnaires. On retrouve cela dans l'armée : un officier est mieux payé qu'un militaire du rang. Non pas parce qu'il a un niveau d'étude plus important (ce qui n'est pas toujours le cas d'ailleurs), mais parce qu'il doit prendre des décisions plus stressantes que les autres. Bien entendu, l'argent ne pourra jamais être la solution à une bonne prise de décision. Seule une capacité à gérer ses priorités et ses émotions le peut.

En période de guerre ou de crise, le leader analyse et apprécie les différents degrés d'urgence sans pour autant se laisser submerger. Heureusement pour lui, dans bien des cas, il peut se reposer sur des protocoles (expliqués un peu plus loin dans le livre). Mais cela ne l'empêche pas d'être responsable de ses décisions et ne doit donc pas l'exempter de réflexion.

Dans l'épisode 10 du podcast Défense Zone, Claude Brunet, ancien infirmier dans la Légion étrangère, raconte une anecdote d'Afghanistan illustrant cette habileté à garder son sang froid : *"Nous étions en patrouille avec les forces spéciales américaines. On descendait dans la vallée de la Kapisa et à la recherche d'un chef taliban. L'embuscade a commencé vers 16 h et mon collègue s'est pris une balle dans la tête à côté de moi. Ça a traversé le casque. Fracture du crâne. On n'arrêtait pas de se faire tirer dessus et on essayait de partir vers la rivière, car la route avait été piégée avec des explosifs. Ça tirait de partout... J'étais dans le dernier véhicule de la colonne et je pensais que mon collègue était mort. J'étais alors face à un dilemme : je sauve mon pote ou je continue de tirer sur les embusqués autour de nous ?"*. Finalement, le collègue de Claude a réussi à être évacué et sauvé in extrémis. Ce n'est pas le seul dilemme auquel l'ancien légionnaire a dû faire face : *"La fois où j'ai eu le plus de travail, ça a été quand j'ai eu 14 blessés, incluant le médic[1] américain de la 101e Airborne. Tu as les blessés*

---

1   Terme militaire pour parler de médecin

qui arrivent les uns après les autres, encore et encore. Le problème est au niveau matériel, car tu n'as que ton petit sac, fait pour sauver deux ou trois hommes, et en quelques minutes, tu n'as plus rien. Les Américains tout autour ont rassemblé pleins de sacs et là, c'est le contraire, ils te balancent pleins de matos, mais en vrac. Tu es obligé de fouiller dedans, tu ne connais pas, et tu as 14 soldats alignés par terre, avec des blessures différentes, des brûlés, des poly criblés, des amputés, d'autres qui ont une balle dans la jambe et un garrot, ou touché à la tête... Il faut analyser tous les cas et accepter que tu ne peux pas appliquer à la lettre les protocoles qu'on t'a appris à l'hôpital. Tu as la pression, en plus tout le monde te regarde : les Français qui te disent qu'il faut assurer, les Américains parce que ce sont leurs collègues par terre. J'ai eu de la chance que la cavalerie américaine soit arrivée rapidement et je n'ai pas eu besoin de les gérer plus de 30 minutes".

Dans la vie normale, on peut éviter d'être stressé et submergé par les événements. Il suffit pour cela de savoir prendre de l'avance, anticiper, se préparer au pire. Si les militaires passent autant de temps à faire des briefings d'avant mission, ce pour définir le plan A, mais aussi et surtout les plans B, C, etc. Dans l'univers militaire, on appelle cela les "cas non conformes", c'est-à-dire tout ce qui pourrait arriver en cours de route et que l'on n'avait pas prévu au départ. Un leader doit être capable d'anticiper ces cas et de réagir correctement le moment venu.

Gérer l'échec

"Croche et tien : en avant, rentre dedans. C'est exigeant, il ne faut pas baisser les bras à la première difficulté, car lorsqu'on atteint le pied de la voie, c'est là que commence le match, et parfois le plus dur est la dernière longueur, pas obligatoirement là où on le pense", confiait le chef de corps de l'EMHM dans le podcast déjà cité.

Abandonner représente la pire des choses pouvant arriver à qui que ce soit, pour deux raisons. La première : parce qu'il y a rarement de retour en arrière possible et personne n'accordera sa confiance à un leader ayant fait le choix d'abandonner (car c'est un choix, mais on y reviendra). Lors du stage commando pour intégrer les forces spéciales, les instructeurs poussent à bout les stagiaires en leur faisant endurer les pires supplices : se plonger constamment dans l'eau glacée, marcher des heures avec un sac lourd, être privé de sommeil pendant des jours, etc. L'objectif : que les prétendants "sonnent la cloche", signent de leur choix d'abandonner. Pour Teddy Palassy, notre ancien commando marine devenu préparateur physique et mental, ce choix est rédhibitoire, même si administrativement le candidat ayant abandonné une fois peut retenter sa chance l'année d'après. Mais *"qui a envie de risquer sa vie en opération aux côtés de quelqu'un qui a abandonné à l'entraînement ?"*. Face aux obstacles et à l'échec, l'être humain peut vouloir jeter l'éponge et ne pas souffrir. Des études psychologiques ont prouvé que l'on passe notre temps à éviter l'inconfort ou de se retrouver dans une situation qui nous procure de la douleur. Or, le choix d'abandonner a des répercussions bien plus importantes que ce que l'on croit sur notre construction mentale et nos relations avec les autres (notamment notre perception par les autres, comme dans le cas mis en avant par Teddy).

La deuxième raison pour laquelle abandonner représente la pire des choses pouvant nous arriver, c'est que nous avons réellement le choix, tous autant que nous sommes. La première partie de ce livre aborde la question de la "sélection naturelle". Si la vie était un jeu, abandonner serait le fameux "game over" qui y met fin. Or tout le monde doit faire face à des obstacles, à des épreuves, à des douleurs et donc à des échecs. Mais tout le monde n'abandonnera pas forcément face à cela. Sans vouloir se comparer aux autres, si quelqu'un a pu surmonter un échec pour en faire une opportunité, alors il n'y a aucune raison tangible pour laquelle vous ne pouvez pas faire de même.

L'échec, à la différence de la mort, ne représente pas une hypothèse de travail pour un militaire ou un leader, c'est un moteur pour avancer. Car sans échec, pas d'apprentissage, pas de progrès envisageable. Au final, tout dépend de la perception que vous aurez d'un échec. Pour un inventeur ou un scientifique, l'échec constitue simplement une avancée vers la solution ou la confirmation d'une hypothèse. Pour un sportif, c'est une façon de découvrir ses limites et donc de les dépasser. Pour un entrepreneur, il s'apparente à un diplôme lui permettant d'apprendre quelque chose que l'école n'aurait jamais pu lui enseigner. Pour un leader enfin, l'échec renvoie à l'humilité et la résilience.

Enfin, la peur de l'échec s'avère bien pire que l'échec en lui-même. Et bien souvent, l'inaction ou l'abandon intervient à ce niveau-là.

Ne pas croire en soi, en ses capacités, ou laisser des critiques exté-rieures ou ses émotions négatives embrouiller l'esprit, amène l'humain au désir d'abandonner.

Pour pallier ce problème, il faut garder en tête que l'échec n'est pas une fin en soi. Au contraire, il peut devenir une force et même une source de bonheur. En effet, le fait d'échouer encore et encore, jusqu'à atteindre un objectif, permettra de réellement apprécier son succès et d'en être véritablement fier et heureux.

Pour conclure sur cette partie importante, on peut citer les travaux de Nassim Taleb et son concept d'anti-fragilité. Ce dernier explique qu'à la différence d'un verre qu'on ferait tomber par terre et qui se casse, l'humain peut être anti-fragile, et donc se renforcer au contact d'un choc. Selon lui, de la même façon que le corps humain se renforce à mesure qu'il est soumis au stress et à l'effort ou que les mouvements sociaux s'étendent quand ils sont réprimés, nous devons rechercher l'inconfort, la douleur et ainsi le risque de l'échec. On retrouve d'ailleurs ce concept de recherche du risque dans son autre ouvrage déjà cité plus haut, *Skin in the game*.

La résilience au service du combat

Si vous cherchez une définition pour le mot "résilience", il faudra aller à la lettre "C" pour Churchill. Le mandat de premier ministre de ce Britannique a été l'un des plus difficiles à gérer dans l'Histoire du pays. En pleine seconde guerre mondiale et sous les intenses bombardements allemands, Winston Churchill s'est battu quotidiennement à la force de sa plume et a permis à ses compatriotes de rester unis et confiant en l'avenir. Tandis que les membres de son gouvernement et les proches du roi lui imploraient de pactiser avec les nazis, ce leader est resté inflexible et a multiplié les discours fédératcurs et pleins d'espoirs.

Churchill avait compris ce que beaucoup de leaders politiques après lui ont compris et appliqué face à un ennemi plus grand que soi : la résilience est fédératrice. Si les forces russes se sont enlisées pendant des mois sur le sol ukrainien, c'est principalement parce qu'un leader a réussi à convaincre ses compatriotes de faire front.

Comme déjà évoqué, un homme ne se bat jamais aussi bien que pour sa famille ou ses camarades. Aucune grande nation, que ce soit l'URSS ou les États-Unis, n'est venue à bout de l'Afghanistan, du Vietnam ou de l'Indochine, véritables fiascos occidentaux. Et nous ne sommes pas en reste avec le Mali… Même si chaque cas de figure présente un contexte géopolitique singulier, l'Histoire se répète et des schémas se reproduisent. Malgré la mécanisation et même la nucléarisation de la guerre, les armées les plus modernes continuent de travailler la résilience et l'aguerrissement de leurs soldats. Le Colonel Prodhomme en parlait longuement sur le podcast : *"Je dirai que pour faire face aux conflits les plus durs, il y a une composante rusticité ou aguerrissement, pour laquelle il s'agit de renforcer la résilience pour avoir une troupe qui au final est dure à l'effort et capable d'encaisser les chocs les plus rudes. Je pense que cela fait partie des invariants ; que l'on soit face à une armée conventionnelle moderne ou face à des insurgés c'est encore une fois le mental qui fera toute la différence. Et dans ce cadre-là s'entraîner à l'aguerrissement et la rusticité est assez simple, surtout pour un fantassin : c'est du parcours d'obstacles, de la course d'orientation, ce qu'on appelle nous ici le cross barda (vous prenez vos équipements et vous allez courir dans la montagne). C'est passer des séquences sur le terrain jour, nuit, avec peu de sommeil et beaucoup de sollicitations. C'est avoir beaucoup de rusticité sur le terrain en emportant le minimum de confort."*

Illustration : L'homme le plus déterminé au monde

David a connu une enfance particulièrement difficile. Traumatisé dès son plus jeune âge par un père violent battant sa femme, le jeune afro-américain ne sait toujours pas correctement lire et écrire lorsqu'il arrive au lycée. Sa mère réussit à fuir son père et s'installe avec David dans une petite ville de l'Indiana. Nous sommes dans les années 1980 et le jeune homme souffre déjà de stress post-traumatique suite aux maltraitances ainsi qu'aux violences physiques et psychologiques de son père. Il est également victime d'insultes racistes et de menaces de mort de la part de ses camarades de classe et de son voisinage. David habite alors à quelques kilomètres du siège historique du Ku Klux Klan (une société secrète terroriste suprémaciste blanche des États-Unis). Mal dans sa peau, il se réfugie dans la malbouffe et finit par peser 136 kilos. Le cauchemar continue quand son beau-père est tué par balle et qu'il voit l'un de ses camarades se faire écraser par un bus scolaire.

N'importe quel adolescent ayant vécu autant de drames, n'ayant aucune perspective d'avenir et étant obligé de tricher à l'école aurait eu un destin tragique. Mais pas David.

Désireux de ne plus subir sa vie et voulant apprendre à être plus fort, il décide de s'enrôler dans l'armée et candidate pour passer les tests d'entrée. Il lui faudra trois tentatives pour réussir à passer les tests ASVAB (Armed Services Vocational Aptitude Battery) et intégrer l'armée de l'air. Cependant, alors qu'il est forcé de cumuler un job de nuit d'exterminateur de cafards pour compenser son faible salaire dans l'armée, David retombe dans la dépression et se réfugie de nouveau dans la malbouffe jusqu'à redevenir obèse.

Un jour, alors qu'il regardait la télévision, il tombe sur un documentaire sur les Navy SEAL. Impressionné par les capacités exceptionnelles de ces membres des forces spéciales, il se rend dans sa salle de bain et s'observe dans son miroir. À cet instant, le jeune homme décide que cela a assez duré et qu'il va devenir une meilleure personne. Après s'être rasé la tête, il prend la décision de consacrer tout son temps et son énergie à perdre du poids et s'instruire dans le but de passer les tests de sélection pour devenir un Navy SEAL. Il écrit cet objectif sur un post-it qu'il colle sur son miroir, qu'il nomme dès lors "le miroir des responsabilités".

Le lendemain matin et les jours suivants, il se lève à 4h30 du matin pour aller courir puis s'entraîner à la salle de musculation. En trois mois, David perd 45 kilos et finit par intégrer les forces spéciales à l'issue d'un entraînement extrême et le passage avec succès de la terrible Hell Week*. Au cours du processus, il doit repasser un quatrième fois son ASVAB, ce qu'il fait avec succès.

En 2001, il est affecté à l'équipe SEAL Team 5 et sera déployé plusieurs fois en Irak. En 2004, suite à la mort de plusieurs camarades en Afghanistan à l'occasion de l'opération Red Wings (racontée dans le film Du sang et des larmes de Peter Berg), David s'implique dans des projets caritatifs, notamment avec la "Special Operation Warrior foundation", une association à but non lucratif qui finance les études des enfants des soldats des forces spéciales américaines morts au combat. Il participe à des ultra marathons tels que le Badwater Ultramarathon (217 km de course incluant 4

000 mètres de dénivelé positif cumulé) et lève plus de 3 millions de dollars.

En 2005, le lendemain d'un entraînement intensif avec son équipe de SEAL, il participe au "San Diego One Day", un ultra marathon de 24 heures et réussit à courir 170 km en 19 heures et 6 minutes. David enchaîne les courses pendant plusieurs années et comme si cela ne suffisait pas, en 2013, il établit le "Guinness World Record for 24 Hour Pullup", en d'autres termes le record mondial de tractions sur une durée de 24 heures. Pendant 17 heures, il réalise 4 030 tractions avant de se déchirer la paume des mains.

Qui aurait imaginé qu'un gamin afro-américain, sur les terres du Ku Klux Klan, maltraité et battu par son père, sans aucune éducation ni argent, serait capable d'autant de résilience ?

Dans son autobiographie *Can't Hurt Me : Master Your Mind and Defy the Odds* publié en 2018 et rapidement devenue un best-seller aux États-Unis, il écrit le conseil suivant : *"Arrêtez de trouver des excuses. Arrêtez d'être des victimes. Tenez-vous pour responsables et mettez-vous à l'aise avec l'inconfort... Et enfin, réalisez vos rêves"*.

La résilience du leader : les points principaux résumés

→ S'intéresser au courant du stoïcisme vous permettra d'apprendre à relativiser, devenir maître de vous et de vos émotions.

→ Cela s'avère particulièrement efficace pour faire face au stress ou gérer un échec.

→ D'ailleurs, n'oubliez jamais que le vrai échec reste l'abandon et que c'est toujours une question de choix.

→ La capacité de résilience et de continuer à se battre permet de réussir là où beaucoup échouent.

PARTIE 6
PRÉPARATION

Mon embarquement pour Bangkok va bientôt commencer. Je profite du peu de temps qu'il me reste pour recharger la batterie de mon ordinateur et profiter d'un peu de wifi après ces douze longues heures de vol. Cette escale entre Vancouver et la Thaïlande correspond à la moitié d'un incroyable tour du monde. Cela fait un peu plus de deux mois que je me suis lancé dans ce projet fou : 60 000 kilomètres à travers 8 pays et plusieurs États américains. Ce périple m'a déjà permis de réaliser des reportages en Polynésie, aux États-Unis, au Mexique, au Canada et c'est désormais le continent asiatique qui m'attend. Pour l'occasion, je me suis lancé un défi : voyager avec un seul sac à dos de 50 litres. Cela semble anecdotique, mais réussir à faire rentrer sa maison pour quatre mois d'aventures dans un bagage cabine est un véritable luxe, bien que ce soit loin d'être évident. Plus de perte de temps ni de risque de perte avec des bagages en soute généralement maltraitées par le personnel d'aéroport et surtout un sentiment de liberté incroyable !

Pour réussir ce petit exploit, je me suis inspiré de ce que j'ai pu observer au cours des nombreux reportages réalisés avec des militaires. Car ces derniers peuvent faire preuve de beaucoup de créativité en matière de logistique, de conditionnement et d'organisation. Mais au-delà du choix de l'équipement le plus optimisé et performant possible, j'ai surtout appris des soldats le sens de la planification au cours de ces dernières années. Chacun de mes reportages est préparé comme une opération spéciale ! Je note mes objectifs, conçois un planning, identifie les éventuels obstacles, ainsi que les cas non conformes. Rien ne doit être laissé au hasard, car comme le disait le général Sun Tzu dans *l'Art de la guerre : "tout succès d'une opération réside dans sa préparation"*.

Préparer sa mission

Après avoir appris à faire son lit au carré, une jeune recrue dans l'armée s'attelle à la préparation correcte de son sac. Dès les premiers jours de classes, les soldats doivent marcher de nuit et bivouaquer en pleine nature. Afin de "bien vivre" ce genre d'épreuve, ces derniers ont intérêt à correctement se préparer et organiser le matériel qu'ils portent sur le dos. Très vite, ils vont apprendre à mettre les éléments les plus lourds en fond de sac dans le but d'équilibrer la charge, puis ils vont comprendre qu'il ne faut rien oublier et ne pas emporter d'affaires superflues. Cela peut sembler plutôt basique, mais chaque détail à son importance en matière d'organisation.

Autre enseignement central dans l'armée (on peut même parler de méthodologie) : ce que les militaires appellent le "drill". Il s'agit de répéter un maximum de fois les techniques, procédures et actions qu'ils seraient amenés à exécuter le jour-J. Cela peut concerner le tir avec des armes à feu, le déplacement en groupe de combat, mais aussi la préparation d'une opération ou la conduite d'une manœuvre quelle qu'elle soit.

Un militaire passe son temps à se préparer, à s'exercer, dans le but de ne jamais être en position de "réaction" mais au contraire d'anticipation. Le fait de driller, donc répéter les procédures et les actions, permet de réellement comprendre et appliquer les apprentissages. Cette méthodologie s'applique tout au long de la carrière d'un militaire. Comme l'expliquait Claude Brunet, ancien infirmier major de la Légion étrangère dans le podcast[1] : *"On ne fait bien que ce qu'on fait souvent"*.

Pour un entrepreneur, un sportif ou un artiste, la répétition a son importance. Malcolm Gladwell, expert en sociologie et psychologie, a d'ailleurs popularisé la "règle des 10 000 heures" dans son ouvrage *Outliers, The Story of Success*. Basé sur les études du neurologiste Daniel Levitin et du professeur Anders Ericsson, Gladwell explique qu'atteindre le niveau de maîtrise associé à un expert de classe mondiale, et ce, dans n'importe quel domaine, demande de pratiquer une discipline au moins 10 000 heures. Cette théorie bat en brèche l'idée selon laquelle les gens brillants auraient un don ou un talent particulier. La raison du succès proviendrait uniquement du travail et du fait de pratiquer encore et encore une compétence. Malcolm prend l'exemple des Beatles et rappelle qu'avant d'arriver aux Etats-Unis en 1964, les musiciens britanniques ont travaillé ensemble pendant sept ans et ont enchaîné répétitions et concerts dans des bars de Liverpool et de Hambourg à un rythme intense. Au moment de leur succès dans les années 60, ils avaient déjà joué environ 12 000 fois en direct.

---

1   Épisode #10 - "Se former au secourisme en milieu hostile"

Cependant, la maîtrise ne dépend pas uniquement de la préparation. La compétence va de pair avec la connaissance, notamment de son environnement, son terrain de jeu et son marché. Sun Tzu a consacré plusieurs pages de son célèbre manuel sur la stratégie militaire à l'étude du terrain. Les plus grands généraux et stratèges à travers l'histoire ont toujours su qu'un des critères déterminants pour l'issue du conflit repose sur le choix du champ de bataille. Associé à de la réflexion, de l'anticipation et un peu d'audace, la victoire peut être au rendez-vous. Napoléon, par exemple, offre les hauteurs à ses ennemis lors de la bataille d'Austerlitz, laissant croire une erreur tactique qui se révéla être un piège mortel pour la troisième coalition. En traversant les Alpes avec ses troupes carthaginoises et ses éléphants de combat, Hannibal surprend les troupes romaines qui doivent alors se battre pour sauver leur empire in extremis.

Dans l'univers de l'entrepreneuriat, le terrain peut être traduit par le marché, tout comme on mène une "campagne" de communication ou de promotion pour un produit ou un service. Sans renseignement suffisant sur son client cible et une étude de marché précise et complète, un chef d'entreprise ne peut pas réussir sa mission. Le champ lexical militaire rappelle que tout est une question de combat, de victoire ou de défaite.

Briefing et objectifs

Avant chaque opération, les militaires passent leur temps dans des briefings dans le but d'anticiper un maximum les futurs événements. Cela demande d'être parfois paranoïaque et de penser au pire : un véhicule va tomber en panne, un ennemi va surgir à tel ou tel endroit, il y aura des pièges sur la route, nos partenaires vont nous trahir, etc.

Le leader doit s'imaginer les pires scénarios hypothétiques afin de ne jamais être surpris une fois sur le terrain. Mais ce n'est pas le seul intérêt d'une planification en amont. Première chose à faire (et savoir faire car c'est un presque un art) : se fixer des objectifs. Cette étape s'avère indispensable pour mener ses troupes au combat, mais aussi pour garder une trace de son évolution, rester motivé et concentré. Dans le brouillard de la guerre[2], une armée dont le chef n'a pas d'objectifs clairs et bien définis, finira rapidement en déroute.

Pour un entrepreneur, cela se matérialise par un business plan. En dépit des idées reçues et des critiques acerbes de start-upers, cet outil ne constitue pas une simple formalité demandée par un banquier ou un comptable. Il permet d'établir un plan de bataille en matérialisant les objectifs qu'un leader se fixe sur le court, moyen et long terme, avec les chiffres, deadlines et moyens nécessaires pour les atteindre en vue de la victoire finale. Pour une équipe, cela permet de gagner du temps et de ne pas se demander à chaque instant ce qu'il faut faire et comment le faire.

Comme le souligne le Colonel Christophe Lhomme, chef de corps du lycée militaire d'Aix-en-Provence[3], la capacité d'adaptation vient aussi de celle à construire des projets et donc de se fixer des objectifs : *"l'aptitude à se projeter permet d'accepter les changements. Il y a une forme d'excitation chez toute personne qui a un projet professionnel. Être capable de dire "c'est ce que je veux faire plus tard" permet de donner des buts, soit intermédiaires soit finaux. Et cela provoque pour moi, souvent, la réussite ou l'envie de réussir, si ce n'est pas immédiat. Et ça donne les qualités pour s'adapter, car quand on a le projet devant soi, on accepte les changements de meilleure grâce, car c'est au service d'un objectif supérieur"*. L'officier considère que n'importe quel individu, quel que soit son âge, doit avoir un projet, et c'est ce qu'il conseille aux élèves qu'il reçoit.

Intelligence et culture générale

En parlant d'école, il est primordial de comprendre que l'éducation nationale ne pourra jamais armer (sinon former) complètement un leader. Tout simplement parce que ce n'est pas son rôle. Institution au service d'un gouvernement, l'école vise uniquement à fabriquer des citoyens aptes à suivre les règles et à s'intégrer dans la société.

---

2   Expression évoquant l'absence ou l'incertitude des informations quant aux forces, aux positions et aux objectifs des belligérants dans une guerre.

3   Épisode #66 - "Dans les coulisses d'un lycée militaire'

Le programme de l'éducation nationale est politique avant d'être pédagogique. Il s'agit davantage d'inculquer les "valeurs" de la République que la capacité à penser par soi-mêmes, apprendre à apprendre, ou encore comprendre véritablement le fonctionnement de notre société et de nos modes de pensées.[4]

Cependant, il ne faut pas jeter l'opprobre sur l'école, notamment en France où elle est obligatoire. Quel que soit le niveau d'études (primaires, secondaires ou supérieures), l'acquisition d'une culture générale s'avère indispensable pour un leader en devenir puisqu'elle est la matière première du raisonnement, d'un argumentaire et donc d'une décision avisée. Autre compétence réellement utile dans la vie de tous les jours : la maîtrise de la dissertation, à condition que son intérêt ne s'arrête pas à obtenir une note à un examen, ce qui est loin d'être évident pour certains professeurs...

De manière générale, il est intéressant de se questionner plus largement sur la notion d'intelligence. Comme le souligne Roland, alias "Gallic Squad", un ancien opérateur des forces spéciales[5], les études peuvent apporter un certain bagage culturel, une ouverture d'esprit sur la société, le monde, mais il y a une énorme différence entre une intelligence scolaire et pratique. *"Cette dernière est essentielle dans les forces spéciales. Il faut comprendre son environnement, être curieux et éveillé, cela ne va pas automatiquement avec les années d'études"*. Pour lui, la réalité des missions des forces spéciales va forcément développer cette intelligence pratique. Les opérateurs doivent comprendre le milieu dans lequel ils évoluent, les enjeux politiques, économiques et stratégiques. Cette même intelligence permet de mesurer ses actions sur le terrain car *"on réalise bien sa mission quand on en comprend les enjeux"*. Cette intelligence pratique, de situation, permet aussi de s'adapter à son environnement et de faire preuve d'empathie envers les populations rencontrées lors des opérations. D'ailleurs, selon cet ancien soldat, la société peut avoir une image biaisée du militaire qui, *"a soit des muscles, soit un cerveau. Dans ce cas, l'intéressé ne pourra pas exécuter sa mission de guerre. Or "être éveillé" ne transforme pas l'homme en objecteur de conscience. On peut faire son travail tout en sachant que certains enjeux nous dépassent. Le militaire n'est pas décisionnaire, mais au bout de la chaîne c'est lui qui*

---

4 Il suffit de constater le manque manifeste d'enseignement en géopolitique et en psychologie humaine dans le primaire et secondaire.

5 Épisode #61 - "La vie après les forces spéciales (Gallic Squad)"

est sur le terrain et il fera tout pour mettre le plus d'humanité possible dans l'exécution de ses actes et dans ses décisions. Cela permettra, entre autres, le respect des populations. Bien évidemment, le militaire est un exécutant sans pour autant cautionner toutes les décisions. Mais j'aurais toujours plus de champs d'action sur le terrain, qu'en m'apitoyant sur la situation depuis mon canapé".

Illustration : Ulysse et les dieux

Dans la mythologie grecque, la différence majeure entre les dieux de l'Olympe et les hommes, est que ces derniers n'ont aucune connaissance précise de leur avenir.

C'est l'apanage des dieux de connaître l'avenir dans les moindres détails. Mais certains "héros" comme Ulysse ont concurrencé ces derniers dans cet art, simplement en décidant de planifier plusieurs étapes à l'avance. Comme l'explique Robert Greene dans ses *48 lois du pouvoir, "la plupart des gens sont trop prisonniers de l'instant présent pour prévoir l'avenir ; le pouvoir appartient à ceux qui ont la capacité d'ignorer les dangers et de différer le plaisir"*.

Dans l'Histoire, les grandes expéditions militaires désastreuses, telles que la conquête espagnole ou la campagne napoléonienne en Russie, démontrent à postériori que le manque de vision et d'anticipation mènent bien souvent à l'échec des leaders. Malgré ces enseignements douloureux de l'Histoire, certains décideurs continuent à se lancer dans de périlleux projets au XXIe siècle, par exemple la récente invasion russe en Ukraine.

Le succès d'Ulysse et le fait que ce personnage inspire encore des leaders, des milliers d'années après sa mort, réside dans son ingéniosité plus encore que dans son audace. Au-delà d'un simple conte pour enfants, l'histoire du cheval de Troie illustre parfaitement la nécessité de réfléchir, planifier, anticiper et préparer pour atteindre un objectif.

La préparation du leader : les points principaux résumés

→ Comme disait Sun Tzu : *"Tout le succès d'une opération réside dans sa préparation"*, la préparation constitue clairement la partie la plus importante de votre mission.

→ C'est la raison pour laquelle les militaires attachent autant d'importance aux briefings et aux objectifs.

→ Pour être parfaitement préparé, il faut avoir le niveau adéquat de connaissance. Cela demande donc d'être armé en matière de culture générale.

"Celui qui ne prévoit les choses lointaines s'expose à des malheurs"

Clausewitz

"Gouverner, c'est prévoir"

Émile de Girardin (1806-1881)

PARTIE 7
PROTOCOLES

Cela fait trois jours que je n'ai pas écrit une ligne de ce livre. Mais cela commençait à me manquer, alors me voici de nouveau en train de pianoter sur mon clavier. Il y a quelques jours, en écrivant le chapitre sur la notion de résilience, un événement m'a soudainement contraint à m'arrêter. Un court email sans objet d'un ami, également associé sur un l'un de mes projets professionnels, qui me plongea dans un moment de stupeur. Le ton de son message était à la fois empreint de colère et de fatigue manifeste. En quelques phrases, il m'annonçait sa décision "claire et définitive" de mettre fin à notre collaboration. Impossible dès lors de poursuivre ma session d'écriture, je devais essayer de comprendre et en même temps de régler ce nouveau problème.

Après quelques échanges de mails, ce dernier ne souhaitant pas répondre au téléphone pour avoir une réelle conversation, je réalise que mon désormais ex-associé semble être en *burn-out*, et rien que je ne puisse dire ou faire ne l'aidera. Son choix brutal d'abandonner ses responsabilités me pousse alors à prendre les miennes afin d'éviter tout problème professionnel. Je ferme mon ordinateur, coupe mon téléphone et m'installe devant une feuille blanche à mon bureau. La cellule de crise est lancée.

Pour un entrepreneur, prendre des coups et résoudre des problèmes font partie du quotidien. Si vous ne pouvez pas supporter la pression, devenir chef d'entreprise n'est clairement pas fait pour vous. Mais il ne suffit pas d'avoir le courage de vouloir faire face aux problèmes, ni d'être capable de prendre ses responsabilités pour devenir un bon entrepreneur ou un bon leader.

Il faut aussi savoir résoudre les situations de crise. Et un bon outil pour y parvenir se résume en deux mots : "protocole" et "système". Tout ce qui nous entoure, à commencer par la société dans laquelle nous vivons, est régi par ces deux choses. Un bon système permet à des humains de collaborer ensemble intelligemment, et de bons protocoles leur permettent d'accomplir de grandes choses. Je développerai tout cela un peu plus loin.

À l'heure où je reprends l'écriture de ce livre, je ne sais pas encore si notre amitié pourra se relever de cette décision unilatérale et brutale d'abandon. Néanmoins, une chose est claire : mon

entreprise et mes projets ne seront pas affectés négativement par
tout cela, car les systèmes et protocoles que j'ai mis en place ces
dernières années sont solides.

L'importance des systèmes et des protocoles

Tout ce qui nous entoure a son propre système. L'armée en est un
parfait exemple. Le système hiérarchique qui régit les forces armées
permet à toutes et tous de connaître sa place, son rôle et ses missions sans avoir à se poser de questions au quotidien. Autre fonde-
ment de cette institution : le protocole. La frontière avec le système
est cependant assez poreuse. Dans les deux cas, il est question de
méthodes et de règles applicables, par exemple à une organisation.

Dans l'univers militaire, les protocoles régissent la vie des soldats.
Démonter, nettoyer ou utiliser telle ou telle arme à feu requiert
un protocole (il y a même un manuel papier pour le matérialiser).
Le protocole permet d'organiser, classer, hiérarchiser et prioriser.
D'ailleurs, étymologiquement et historiquement, ce terme vient du
latin grec prôtokollon, signifiant "ce qui est collé en premier".

Pour la petite histoire, l'usage de ce dernier reviendrait à l'empereur romain Justinien (Ve siècle après Jésus Christ), à l'occasion de
la rédaction de son code (des recueils de constitutions impériales).
Aujourd'hui, le terme est clairement sorti du champ strictement ju-
ridique et on parle de protocole pour tout : social, diplomatique,
scientifique, informatique, et même récemment "sanitaire"...

Au-delà de la bureaucratie, un protocole constitue aussi et surtout
un outil indispensable pour un leader ou un entrepreneur souhaitant mener à bien un projet ou une équipe. Poussons même la réflexion et osons dire que mettre en place des protocoles efficaces
est une question de vie ou de mort. À l'image d'un parachutiste devant respecter à la lettre les protocoles de pliages ou d'ouverture
de sa précieuse voile, un entrepreneur devant faire face à une situation de crise doit savoir comment réagir rapidement et efficca-
cement. Cela passe par une organisation méticuleuse de son temps
et de ses actions. Tout ce qui touche à la gestion d'une entreprise
doit faire l'objet de protocoles : comptabilité, utilisation des logiciels, communication avec les partenaires, fournisseurs, clients ou
employés, etc.

Ces protocoles doivent être consignés par écrit, sur un document numérique ou un bon vieux carnet en papier. Ils servent de manuel pratique de votre organisation et vous permettront non seulement de bien réagir en cas de crise, mais aussi de vous faire progresser sur le long terme car vous serez en mesure de les améliorer à force d'itération.

Mettre en place des protocoles pour soi-même

Même sans posséder d'entreprise, mettre en place des protocoles pour vous-même est une très bonne idée, pour deux raisons principales. Tout d'abord, cela vous permet d'être plus productif, savoir quoi faire et comment, sans perdre de temps. C'est une bonne façon d'identifier les tâches à fortes ou faibles valeurs ajoutées, celles que vous devez absolument faire sans perdre de temps, ou a contrario, celles que vous devez supprimer ou déléguer.

Autre intérêt : savoir dans quelle direction avancer plus largement. On parle alors de code de conduite, éthique ou personnel. À la Légion étrangère par exemple, tous les engagés volontaires doivent connaître par cœur en quelques semaines le fameux "code du légionnaire", même s'ils ne parlent pas encore français. Cela revêt une telle importance que ces derniers l'apprennent en phonétique et plusieurs heures d'instruction par jour sont exclusivement consacrées à la compréhension de ce code.

Voici les 7 articles de ce code d'honneur :

Code d'honneur du légionnaire

Article 1

Légionnaire, tu es un volontaire servant la France avec honneur et
fidélité.

Article 2

Chaque légionnaire est ton frère d'arme, quelle que soit sa nationalité, sa race, sa religion. Tu lui manifestes toujours la solidarité
étroite qui doit unir les membres d'une même famille.

Article 3

Respectueux des traditions, attaché à tes chefs, la discipline et la
camaraderie sont ta force, le courage et la loyauté tes vertus.

Article 4

Fier de ton état de légionnaire, tu le montres dans ta tenue toujours élégante, ton comportement toujours digne mais modeste,
ton casernement toujours net.

Article 5

Soldat d'élite, tu t'entraînes avec rigueur, tu entretiens ton arme
comme ton bien le plus précieux, tu as le souci constant de ta
forme physique.

Article 6

La mission est sacrée, tu l'exécutes jusqu'au bout et, s'il le faut,
en opérations, au péril de ta vie.

Article 7

Au combat, tu agis sans passion et sans haine, tu respectes les ennemis vaincus, tu n'abandonnes jamais ni tes morts, ni tes blessés,
ni tes armes.

D'autres métiers en dehors de celui des armes ont également adopté des codes : les notaires, médecins ou encore avocats. Ces textes et règles revêtent une importance capitale au sein d'une corporation mais aussi à titre personnel, en permettant à un homme ou une femme de se respecter et de pouvoir se regarder dans un miroir. Encore faut-il acquérir la discipline d'appliquer ses propres règles et protocoles.

La discipline est la liberté

Pour citer de nouveau l'ex-Navy SEAL Jocko Willink, *Discipline equal freedom*, en bon français, la discipline est la liberté. Se lever à 4h30 du matin, lever des poids à la salle, manger sainement et travailler dur, représente une torture pour beaucoup d'entre nous et cela ressemble davantage à une contrainte qu'autre chose. Pourtant, se forcer à avoir cette discipline permet à terme davantage de liberté et d'indépendance grâce aux résultats obtenus. Un leader discipliné devient non seulement plus libre de son temps mais aussi plus libre financièrement. Si l'argent ne constitue pas une fin en soi, dans les faits, bien gagner sa vie est un indicateur de réussite. Or tout comme l'écrit Jocko *"il ne s'agit pas de nature ou d'éducation : Il s'agit d'un choix... Les personnes qui réussissent décident qu'elles vont réussir. Ils font ce choix"*.

Une fois que l'on a dit ça, certains seraient tentés de penser qu'il n'est question que d'une énième phrase issue d'une vidéo YouTube bullshit de motivation. Or en écoutant le discours de l'ancien Navy SEAL et en réfléchissant un peu, on comprend que la discipline n'a rien à avoir avec la motivation. La discipline prend justement le relais quand la motivation n'est plus au rendez-vous. Car la motivation apparaît et disparaît de façon aléatoire, ce qui ne nous permet pas de tout miser sur elle pour atteindre nos objectifs. On peut faire le parallèle avec l'inspiration pour un auteur. Jack London affirmait que *"l'on ne peut pas attendre que l'inspiration vienne. Il faut courir après avec une massue"*. Le secret de tous les créateurs, de tous les auteurs et de tous les inventeurs, c'est le travail.

Alors oui, discipline et travail sont difficiles. Quand on demande à Jocko pourquoi, ce dernier répond : *"parce que justement c'est difficile. C'est tout. Mais ce qu'on ressent après la difficulté permet d'aller au bout. A contrario, le sentiment d'échec permet de ne plus vouloir le ressentir. Maintenir le cap n'est pas facile, mais ça en vaut la peine, parce que la discipline apporte la liberté".*

Malgré la difficulté, il existe des solutions pour y parvenir. L'une d'entre-elle consiste à se demander pourquoi nous devons, ou nous voulons, faire preuve de discipline. Pourquoi est-ce vraiment important pour nous ? Est-ce que cela nous apportera une meilleure santé ? Permettra de gagner plus d'argent ? D'améliorer nos relations sociales ? Si vous savez pourquoi vous faites les choses, vous aurez beaucoup plus de facilité à les faire. Rappelez-vous l'histoire de David Goggins et son "miroir des responsabilités".

La nécessité de simplifier

Pour favoriser et clarifier la communication au sein d'un groupe ou d'une équipe, il n'y a pas cinquante solutions, il faut la simplifier au maximum. Sur un terrain de guerre, des ordres peu clairs ou trop compliqués amèneront les soldats vers un dénouement dramatique. Comme le rappelle Jocko Willink dans son livre *Extreme ownership : "quand les choses tournent mal, la complexité peut aggraver les problèmes au point de les faire dégénérer en catastrophe totale. Les plans et les ordres doivent être communiqués de manière simple, claire et concise."*

Dans son passage dans le podcast, Louis Saillans rappelle l'adage : *"ce qui se conçoit bien s'énonce clairement"*. La vulgarisation est pour lui un point important. Il prend l'exemple du téléphone arabe : si la première phrase est complexe, elle finira par être complètement modifiée à la fin. Si en revanche la phrase est brève et tient en quelques mots, elle sera la même à la fin. Ce principe se retrouve partout et il a pu le vérifier au cours de sa carrière : *"Ce qui est simple sur le papier est compliqué à mettre en œuvre sur le terrain. C'est aussi de là que vient mon goût à simplifier, afin de délivrer un message efficace que tout le monde comprendra"*. La communication, parfois vulgarisée, est importante selon le commando marine. Il cite ainsi l'armée romaine dont les recrues passaient un test de lecture et étaient souvent propulsées officiers s'ils savaient lire. *"On nous parle de leadership, de charisme, relate Louis Saillans, alors que finalement la capacité à lire, à transmettre des informations est fondamentale si on veut transmettre une réalité et donc des ordres"*. Il précise que lors d'un briefing, seulement trois idées sont généralement retenues, il faut donc savoir synthétiser et correctement s'exprimer. À défaut, si l'information ne passe pas, la mission est terminée. C'est pourquoi on demande aux personnes de reformuler afin de vérifier si elles ont bien compris. Cependant, Louis Saillans avoue que la communication au sein des armées *"c'est l'enfer. À tel point qu'on en est venu à dire que si tout va bien, on ne parle pas à la radio ; alors que le premier devoir d'un militaire est de rendre compte"*, note-t-il.

Un leader doit prendre exemple sur tout cela afin de mener à bien ses projets, son équipe ou son entreprise. La simplification ne concerne d'ailleurs pas que la communication mais également les protocoles eux-mêmes. Très concrètement, dans le cas d'une gestion de crise ou de problème, un leader devrait simplifier sa réflexion et ses actions à 4 étapes uniquement :

- ➜ Étape 1 : évaluer le problème le plus important
- ➜ Étape 2 : verbaliser le plus clairement possible ce qu'il faut faire pour dénouer la situation
- ➜ Étape 3 : se concentrer uniquement sur la résolution de ce problème
- ➜ Étape 4 : passer au problème suivant

Cela peut sembler basique, mais comme le disait Léonard de Vinci : *"la simplicité est l'ultime sophistication"*.

Illustration : Stephen King et l'écriture

Dans son livre *Écriture, mémoire d'un métier*, Stephen King partage la routine mise en place pour devenir l'un des auteurs les plus prolifiques de l'Histoire. L'auteur américain a écrit plus de 50 romans, presque tous best-sellers, et plus de 200 nouvelles. En 2018, on estime le nombre de ses livres vendus à 350 millions à travers le monde ! Dans son livre autobiographique et bourré de conseils pour un auteur en herbe, il explique les raisons de son succès à travers une chose : la discipline. Tous les matins, à partir de 6h du matin, Stephen s'installe à son bureau et écrit 2000 mots. Une fois cette tâche achevée, il est environ midi, il passe du temps avec sa famille et sort se promener avec son chien. C'est tout.

Cela semble d'une simplicité déconcertante, et pourtant, très peu d'auteurs parviennent à mettre en place une routine aussi disciplinée que celle-ci. Pourtant, à en croire l'auteur de *Misery* et de *La ligne verte*, il faut juste commencer à écrire et ne pas attendre de trouver l'inspiration.

L'autre leçon présente dans son livre, c'est l'importance de la résilience. L'auteur raconte qu'à ses débuts dans l'écriture, il passait son temps à recevoir des lettres de refus de la part des sociétés d'édition. Déterminé comme jamais, il avait décidé de les collectionner en les accrochant sur un clou au-dessus de son bureau. Il est amusant de noter que d'autres auteurs très célèbres et dont les œuvres sont désormais reconnues à travers le monde, comme par exemple J. K. Rowling (*Harry Potter*) ou encore E. L. James (*Cinquante Nuances de Grey*) ont également collectionné les lettres de refus avant de connaître un succès planétaire.

Discipline et résilience, les maîtres mots pour atteindre ses objectifs.

Les protocoles du leader : les points principaux résumés

→ Au-delà de la bureaucratie, un protocole constitue surtout un outil indispensable pour un leader ou un entrepreneur souhaitant mener à bien un projet ou une équipe.

→ Vous devez mettre en place des protocoles pour vous-même. Cela peut prendre la forme d'un code, à l'image de celui des légionnaires.

→ Comme le rappelle Jocko Willink : *"la discipline est la liberté"*, ne le perdez jamais de vue, surtout quand cela représente une contrainte et que cela vous sort de votre zone de confort.

→ L'autre citation à retenir est de Léonard de Vinci : *"la simplicité est l'ultime sophistication"*.

PARTIE 8
COMMANDEMENT

Les derniers véhicules de notre convoi achèvent leur manœuvre et les moteurs vont stopper leur vacarme d'un instant à l'autre. Je vais enfin pouvoir commencer la dernière interview sonore de mon reportage avec les paras du GTD[1] Chimère. Après avoir enregistré des entretiens avec des pilotes d'avion de chasse et d'hélicoptère, me voici face au Capitaine Pierre[2], le commandant de l'unité dans laquelle je suis embed[3] depuis plusieurs jours. Au sein du groupe Chimère, il est à la tête de trois sections de parachutistes et il a pour mission d'accompagner les forces partenaires (dans notre cas des soldats tchadiens et maliens) dans la lutte contre le terrorisme, dans cette dangereuse zone des trois frontières[4].

Nous nous installons sous un arbre calciné par la chaleur du désert, à quelques mètres des véhicules formant la BOAT ("base opérationnelle avancée temporaire"), une sorte de campement sommaire sur le terrain, encerclé par nos véhicules formant un carré (un peu comme le faisaient les convois de cowboys pour éviter les attaques d'Indiens dans les films de *far west*). Je pose le micro sur le capitaine et je commence mon interview. Derrière nous, le bruit des moteurs laisse place à celui des compresseurs à air qu'utilisent les militaires pour nettoyer leur armement. Nous sommes en fin de journée et que les soldats remettent en condition leur matériel avant de repartir en mission cette nuit. Beaucoup sont exténués. Le rythme, la chaleur, les conditions de vie, tout est extrême et abrasif dans ce triste désert où se réfugient les groupes armés terroristes (GAT). Pierre rappelle que ces moments de pause, où il faut se reposer en plus de souffler le sable qui se glisse partout, dans les fusils comme dans les moteurs, sont d'une importance capitale : *"on ne peut pas être tout le temps à 100%, il faut accepter les phases de remise en condition où on baisse en intensité car le corps est certes une machine mais il faut en prendre soin et il faut savoir s'écouter*

---

1   Groupement tactique désert, équivalent de plusieurs compagnies sur une même mission dans le cadre d'une opération.

2   Épisode #29 - "Commander une compagnie en Opex'

3   "Intégré" en bon français

4   Dangereuse zone d'opérations entre le Burkina Faso, le Mali et le Niger

aussi". Ce chef est assurément à l'écoute de son unité. Comme il le rappelle, ce n'est pas la première fois qu'il part en opération avec sa compagnie de combat. Quelques mois avant le départ en "alerte guépard"[5] pour le Sahel, Pierre et les hommes de la 4e compagnie étaient encore en mission de l'autre côté de l'Atlantique, dans un autre désert, tropical cette fois, dans le cadre de l'opération Harpie[6] en Guyane. Cette mission de quatre mois leur a permis d'apprendre à se connaître et à se faire confiance. *"Je me rends compte que les hommes sont prêts à aller partout avec moi, et je les emmènerai partout avec moi, parce qu'ils sont fidèles et que l'unité est très soudée. J'irai n'importe où avec eux, j'ai une confiance aveugle. Quand j'avance, je n'ai pas besoin de me retourner, je sais qu'ils sont à côté de moi"*, se réjouit-il avec fierté. Pour parvenir à ce résultat, sur un théâtre d'opération aussi dangereux que celui sur lequel nous sommes actuellement, l'unité ne doit pas être fragilisée par des tensions ou la panique. Le capitaine rappelle qu'il a le devoir de garder son sang-froid en toutes circonstances: *"le chef doit être "l'absorbeur de stress et le diffuseur de sérénité". Car si l'officier panique, cela rejaillira sur ses hommes ; il faut donc faire l'effort de rester calme"*.

Au bout d'une heure d'interview passionnante, je remercie une fois de plus Pierre de son témoignage, mais aussi de son accueil et de sa confiance. Je dois bientôt quitter la section suivie depuis quelques jours pour rentrer sur Gao en hélicoptère. Je fais le tour des véhicules pour dire au revoir et récupérer les derniers mails afin d'envoyer les photos une fois rentré en France, et je prépare mes affaires en attendant le Chinook[7] qui ne devrait plus tarder.

Ce troisième voyage au Sahel avec les militaires français de l'opération Barkhane aura été bien plus qu'un simple reportage photo. Comme souvent, j'y ai appris beaucoup de choses en matière de leadership et management. Au-delà de l'univers militaire très inspirant et riche en enseignement dans ces domaines, les opérations extérieures et les missions sur des terrains de guerre apprennent encore plus.

---

5   Il s'agit de l'échelon dit d'urgence qui prévoit l'expédition d'une compagnie d'infanterie motorisée (soit environ 150 hommes) dans les 12 heures.

6   Opération de lutte contre l'orpaillage illégal en Guyane française.

7   Hélicoptère de fabrication américaine disposant de deux rotors

Management VS commandement

Au cours de la centaine d'interviews réalisées dans le cadre du podcast *Défense Zone,* j'aime toujours poser une question aux officiers supérieurs, notamment aux chefs de corps de régiments : *"quelle est la différence entre le management et le commandement ?"* En effet, un chef ayant la responsabilité d'une unité aussi importante qu'un régiment (environ 1 000 personnes) doit forcément, au même titre qu'un patron d'entreprise, s'intéresser au management. Tous me donnent souvent la même réponse, ressemblant à celle du Colonel Prodhomme, commandant du 8e RPIMa : *"Il y a une différence entre le management et le commandement, même si dans notre commandement, nous faisons aussi un peu de management. Je définirais le management comme la gestion au juste besoin et au meilleur des capacités des ressources qui nous sont confiées. Mais le métier de soldat ne s'arrête pas là, parce que notre mission est d'aller au combat, défendre les intérêts de notre pays et de nos concitoyens ; et on peut aller jusqu'à donner la mort et la recevoir pour remplir cette mission. C'est sans doute la différence qui existe entre le management et le commandement, c'est qu'à un moment donné les décisions que nous allons prendre peuvent entraîner la mort, qu'elle soit en la donnant ou en la recevant."* On en revient donc à cette mort en tant "qu'hypothèse de travail" pour paraphraser à nouveau Michel Goya, déjà cité précédemment.

En s'intéressant à l'étymologie des deux termes, on comprend plus facilement cette différence. Management vient de l'anglais to manage, qui signifie se débrouiller ou encore, gérer, diriger, réussir à faire quelque chose. Le résultat est mis en avant, la réussite. Commandement vient du latin Caput, c'est-à-dire la tête. Il signifie prescrire, imposer, mener, diriger. Cela concerne l'initiative, le cap à suivre.

Bien entendu, les deux peuvent être complémentaires. Pour Tibor Vass, ancien légionnaire devenu chef d'entreprise[8], la maîtrise du commandement et donc du management dans son entreprise proviennent de son passage par l'armée : *"si tu sais manager 150 nationalités, tu sais manager 250 hommes",* considère-t-il. *"Je ne fais que dupliquer ce que j'ai vu dans la Légion Etrangère, et ça*

---

8   Épisode #25 - "Formation des agents de sécurité privés"

marche très bien." Les valeurs d'exemplarité, d'honnêteté et d'exigence avec soi-même, apprises chez les képis blancs, représentent un atout pour lui, car *"si tu es exemplaire, les gens vont te respecter"*. En provenant d'un régiment des forces terrestres, le cadre connaît exactement les besoins et les niveaux à atteindre en termes de condition physique, rusticité et rigueur morale. De plus, en ayant lui-même été à la place des recrues, il sait combien le choc linguistique et sociétal peut être compliqué. *"Il se souvient de comment il était, explique Tibor, donc il trouve les mots pour expliquer au jeune légionnaire que les doutes qu'il peut avoir vont passer."* Très disponibles, certains cadres les accompagnent même 24h/24 afin de les corriger et les conseiller. Cette proximité permet de tisser très vite des liens de confiance entre les jeunes engagés et leurs supérieurs. Le soldat sera alors prêt à suivre son cadre partout, et découvrira chez lui ce à quoi il aspire.

Faire preuve d'empathie

Dans l'imaginaire collectif, le leader, quand il s'agit d'un patron d'entreprise, est un personnage impitoyable, détestable, ne faisant jamais preuve d'humanité. La critique acerbe et continue du capitalisme alimente cette vision tronquée et loin de la réalité. Selon Simon Sinek, un bon leader ne peut clairement pas correspondre à cette définition sous peine de voir son activité s'arrêter brusquement. Un leader doit au contraire faire preuve d'une empathie sincère et véritable. Cela implique pour lui d'être responsable et donc de ne pas rejeter la faute sur quelqu'un d'autre. Dans l'armée ou l'entrepreneuriat, un chef est responsable des membres de son équipe. Il doit donc s'assurer de leur bien-être, que ce soit pour s'assurer qu'ils acceptent le combat ou soit pour accroître leur efficacité au travail. S'il ne peut faire preuve d'empathie, c'est-à-dire essayer de comprendre ce qu'ils ressentent, s'identifier à eux et avoir de la compassion, les conséquences risquent d'être dramatiques. Pire encore, un chef incapable de se remettre en question ou ne comprenant pas que le vrai problème peut venir de lui, va droit dans le mur. Simon Sinek donne un exemple d'une véracité à toute épreuve : *"le seul dénominateur commun qui peut expliquer toutes mes relations amoureuses ratées, c'est moi"*. Et il ajoute *"on ne sait pas pourquoi les autres se comportent comme des connards selon notre point de vue"*.

L'empathie peut même devenir une "arme" quand elle est utilisée par des négociateurs professionnels, notamment ceux des forces d'interventions. Dans l'épisode 47 du podcast, le chef des négociateurs du RAID confiait qu'il s'agit d'un élément primordial pour mener à bien leurs missions : *"Mon but n'est pas juste d'écouter la personne mais de l'amener à autre chose. Je suis sur une phase technique. [...] La négociation reste de la technique et des objectifs, ce n'est pas juste une conversation"*, souligne le chef des négociateurs. Il faut par exemple prendre en compte l'élément déclencheur d'une crise. *"Parfois, c'est quelque chose d'infime, de ridicule pour la personne non concernée au premier chef par la crise mais qu'on peut vite oublier. On est pris par la configuration de la crise, ses caractéristiques, on va se focaliser sur les particularités de cette crise, mais il faut tout de suite essayer de remonter le film à l'envers et voir quel truc a fait que tout a dérapé à un moment ou à un autre."* Il est donc très important d'être empathique. Mais *"l'empathie, ce n'est pas la sympathie"*, prévient le commandant. Il faut savoir écouter la personne, donc avoir une attitude et une position d'écoute, tout en étant doux et en sachant gérer son stress. *"Les négociateurs du RAID sont sélectionnés sur des bases compliquées à percevoir"*, reconnaît le commandant. *'On essaie de juger des capacités d'empathie des personnes, leur capacité à faire le break entre les situations compliquées qu'ils vont rencontrer et le retour à la normale, au service et chez soi."*

Manipuler VS inspirer

Au-delà de l'hypothèse de la mort, peut-être que la véritable différence entre un manager et un commandant réside dans la méthode utilisée pour convaincre le subalterne d'agir comme il le souhaite. Un manager peut être amené à manipuler un collaborateur, en alternant promesses et menaces, proposant par exemple une prime ou menaçant de licenciement. Cette technique de manipulation, vieille comme le monde, consistant à identifier le désir et la crainte d'une personne et à l'utiliser en monnaie d'échange est rarement efficace sur le long terme.

Inspirer quelqu'un dans le but de le faire passer à l'action s'avère beaucoup plus pertinent. Vous serez davantage enclin à devenir discipliné si vous comprenez réellement pourquoi il le faut absolument. Un bon leader s'attache à créer un environnement propice au changement positif et au passage à l'action volontaire. Dans l'armée, quand quelqu'un décide de s'enrôler, on le définit tout d'abord comme étant "engagé volontaire". Le 8e RPIMa en a même fait sa devise : "Volontaire". Cela veut dire que les gens ont le choix et agissent selon leurs motivations profondes. En marketing, on utilise régulièrement cette puissante technique, car dire aux gens "qu'ils ont le choix" est bien plus efficace que d'essayer de les forcer à faire quelque chose. Plus intéressant qu'un boulot chez McDonald compte tenu de ses spécificités (salaire fixe, primes terrain, avantages familiaux, etc.), le poste de militaire attire surtout par son but : servir la France, être responsable d'un groupe d'humains, avoir une place dans la société, trouver un sens à sa vie.

On en revient à la finalité première du leadership : mener d'autres humains dans un but précis. Pour que cela fonctionne, il faut que le dirigeant démontre des qualités supérieures et légitimes. *"J'ai appris à être un leader en faisant de la course d'orientation"*. L'ancien opérateur des forces spéciales Alex French SAS explique ce fait surprenant en revenant sur ses débuts à l'école des sous-officiers. Alors qu'il était un peu isolé, il a pu s'affirmer sur le terrain lors des épreuves de marche topographiques en équipe, car *"les gens ne savaient pas lire des cartes"*. L'utilisation d'une boussole était inconnue pour beaucoup. Grâce à ses compétences en la matière, Alex a pu expliquer et guider ses camarades, les convaincre d'aller dans telle direction et leur expliquer pourquoi. Il a ainsi commencé à commander.

Une autre composante à prendre en compte touche à la foi et à la confiance. N'importe quel chef militaire vous dira qu'il faut toujours expliquer aux gens pourquoi ils font les choses. Le briefing avant mission sert à cela. Les gens doivent croire en la mission pour pouvoir la réaliser correctement, donc l'expliquer convenablement. Si le militaire au rang inférieur de la hiérarchie n'a pas le même niveau d'information qu'un officier supérieur en état-major, il en sait suffisamment pour comprendre sa mission. Sans connaissance du contexte pour apprécier et comprendre une situation, les exécutants sur le terrain ne pourront pas faire remonter les informations importantes permettant aux chefs de prendre des décisions. Si la mission manque de clarté, il faut demander, être proactif plutôt que réactif. L'objectif est d'éviter un phénomène dit de "distance du champ de bataille", c'est-à-dire une déconnexion entre le commandement supérieur et la troupe.

Illustration : Edward Bernays, le père de la propagande

Faire fumer les femmes en instrumentalisant le courant féministe
ou encore vendre la première guerre mondiale au peuple américain
grâce à une affiche publicitaire, tels sont les faits d'armes les plus
impressionnants d'un personnage oublié de l'Histoire, ayant pourtant largement influencé le monde. Edward Bernays est considéré
aujourd'hui comme le père des relations publiques qu'il nommera
lui-même "propagande" avant que le terme ne soit abandonné suite
à son appropriation par les nazis.

Ce maître de la manipulation a innové dans l'art de convaincre les
gens en se basant sur les grands concepts de psychologie humaine
et les biais cognitifs.

En 1929, le principal fabricant de tabac se plaint auprès de Bernays
des conventions sociales interdisant aux femmes de fumer, per-
dant ainsi la moitié de ses ventes potentielles. Ce dernier arrive
à convaincre un groupe de jeunes femmes militantes féministes
d'allumer simultanément des cigarettes devant l'objectif du photographe lors d'un défilé de Pâques à New York. Ces cigarettes sont
alors baptisées "torches of freedom" ("les torches de la liberté").

Les techniques de manipulation de Bernays ne seront jamais aussi
puissantes que l'inspiration insufflée par un leader mais montrent
bien qu'elles font partie de l'arsenal qu'un chef peut avoir à sa dis-
position pour convaincre et manager. Quant aux questions éthiques
et déontologiques, c'est un tout autre débat…

Le commandement du leader : les points principaux résumés

→ L'armée parlera plus de commandement que de management essentiellement parce que la décision de vie ou de mort s'immisce dans l'équation.

→ Néanmoins, cela n'empêche pas certaines similitudes. Un chef d'entreprise et un chef militaire doivent notamment faire preuve d'empathie envers leurs subalternes.

→ La différence entre un manageur et un leader réside dans le fait que parfois, un manager va être amené à manipuler alors qu'un leader devra inspirer.

PARTIE 9

RETEX ET ANTICIPATION

Il est 10h du matin et le soleil n'arrive toujours pas à percer l'épais nuage dans lequel nous nous trouvons avec les alpinistes du GMHM[1]. Si ces derniers n'étaient pas vêtus de leur veste rouge, je les aurais déjà perdus de vue dans la neige tant le brouillard est épais. Depuis quelques heures déjà, nous grimpons sur une pente abrupte et glacée, avec quelques membres du GCM, le groupement commando montagne. Eux par contre se fondent très bien dans le décor, leur tenue blanche offrant un avantage tactique efficace. Seuls l'armement et le baudrier permettent de les distinguer dans ce paysage blanchi par la neige.

L'entraînement du jour consiste à faire du "franchissement". Les commandos doivent équiper la montagne avec des cordes que leurs camarades pourront utiliser en fin de journée, une fois la nuit tombée. Dans ce relief très dangereux, la manœuvre n'est pas anodine. Dans la pénombre glacée, le moindre faux pas, la moindre crevasse pourrait être fatale. Le parcours doit donc être parfaitement sécurisé par les équipiers, qui peuvent également compter sur les alpinistes chevronnés du GMHM présents pour les observer et les conseiller. Fort de plusieurs dizaines d'années d'expéditions à travers le monde, sur les plus hauts et dangereux reliefs montagneux, les membres du groupe ont pour mission d'expérimenter les conditions les plus extrêmes dans le but de transmettre du retex[2] au reste des forces terrestres. "Patrouille de France de l'alpinisme", cette petite équipe de dix experts du grand froid a pour mission principale de former les commandos de la brigade montagne à l'évolution dans les milieux extrêmes. Cette formation a lieu non seulement dans les Alpes, mais aussi au Groenland et en Antarctique, lors de missions de plusieurs semaines en totale autonomie.

Ces entraîncments extrêmes permettent eux aussi de créer du retour d'expérience, diffusé dans toute l'armée de Terre à travers les commandos. En effet, évoluer en montagne, ou dans un désert glacé, permet non seulement d'apprendre à gérer le froid mais aussi à développer d'autres compétences très utiles pour un soldat et un

---

1 Groupe militaire de haute montagne basé à Chamonix

2 Jargon militaire pour "retour d'expérience"

leader : l'autonomie, le dépassement de soi, la cohésion ou encore la réflexion. Comme le souligne le commandant Chevalier, chef du GMHM lors de son interview : *"Cette capacité d'action en groupe isolé est une capacité que les commandos vont retrouver au Sahel ou sur d'autres opérations. Quand on travaille dans ce genre d'environnement où c'est le milieu qui représente un risque, on doit être capable de le connaître, comprendre comment il fonctionne, y vivre, avant de combattre"*.

Importance du retex et de l'itération

Le titre de ce livre est "Qui ose gagne". Certains connaisseurs complètent parfois cette devise des forces spéciales par "qui perd paye". Dans l'histoire militaire, malgré une glorification naturelle des victoires, les défaites sont parfois plus importantes. Certaines unités célèbrent d'ailleurs ces dernières. Par exemple, la bataille de Camerone où des dizaines de légionnaires ont été décimés par l'armée mexicaine, ou encore la bataille des Thermopyles racontée dans le génial film *300* de Zack Snyder, lors de laquelle le roi Léonidas se sacrifie avec ses centaines de spartiates face à l'envahisseur perse. Au-delà des aspects mémoriels, les défaites tout comme n'importe quel fait d'armes, permettent de produire les fameux retex.

Concrètement, il s'agit d'un débriefing très poussé, ayant pour objectif de faire une analyse a posteriori et de tirer les leçons de potentielles erreurs et des échecs constatés. Faire des erreurs fait partie du parcours d'un chef ou d'un leader. Personne n'est parfait et ne pas faire d'erreur démontre souvent un manque d'audace ou de passage à l'action. Néanmoins, il est dommage de reproduire une erreur déjà faite par soi ou par une personne que l'on connaît. Un bon leader doit systématiquement apprendre de ses échecs ainsi que de ceux des autres pour ne pas les reproduire.

En cas d'échecs traumatisants ou violents, les leçons à en tirer sont très vite intégrées. Parfois, cela demande plus de pédagogie et donc de passer par une phase de retex protocolisée : débriefing avec son équipe, réflexion, rédaction de nouveaux process, expérimentation, etc.

Cette phase de partage de connaissance est aussi enrichissante pour la personne qui fait le retex que pour ceux qui en profitent. Faire un retex, c'est apprendre sur soi et apprendre aux autres en même temps.

Impliquer son équipe

Au sein d'une équipe, un bon leader ne doit pas s'emparer seul de la phase de retex. Il doit mener un débriefing intelligent avec toutes les personnes concernées par les récents événements. Chaque membre de l'équipe est d'abord invité à prendre la parole afin de relater sa version des faits ainsi que ses impressions personnelles. Cette étape ne doit pas être négligée, même quand la situation semble évidente. Bien souvent en effet, vous vous rendrez compte que les perceptions de chacun sont différentes. D'ailleurs, il est bon d'enregistrer ou de faire retranscrire un débriefing, afin de pouvoir en consulter le contenu plus tard, à tête reposée. Cette phase permet l'analyse de situation avant de parler de réflexion et de prise de décision. Un leader ne peut pas prendre de décision sans avoir toutes les cartes en mains et cela passe donc par le fait de ne pas négliger les avis de tous les collaborateurs concernés.

Chronophage, cette façon de faire permet néanmoins de renforcer la vision et l'esprit d'équipe. Les collaborateurs se sentant écoutés et valorisés au sein d'une entreprise sont forcément plus impliqués et efficaces. D'autant plus qu'en tant que leader, vous n'êtes pas omniscient et vous ne détenez pas la vérité. Vous devez faire confiance et écouter les autres constamment.

Erreurs à éviter lors du retex et du débriefing : monopoliser la parole et dire aux gens s'ils ont agi correctement ou pas. Cette méthodologie est contre-productive car pour qu'un être humain soit convaincu de quelque chose, cela doit venir de lui. Plutôt que de dire *"tu n'as pas bien réagi à ce moment-là"*, préférez une question du type : *"à ton avis, penses-tu avoir réagi efficacement à ce moment-là ?"*. Si en plus, vous n'êtes pas en entretien individuel mais en présence d'autres équipiers lors de la réunion, il y a peu de chance que votre interlocuteur tombe dans la mauvaise foi, par crainte d'un jugement extérieur.

Enrichir les protocoles

L'intérêt du retex étant de ne plus refaire des erreurs, cela passe par un plan d'action concret et donc de nouveaux protocoles. Tout d'abord, il convient d'identifier ce qui a bien fonctionné afin de valider les points forts. Attention à toujours rester humble et prudent. Ce n'est pas parce que quelque chose fonctionne (même plusieurs fois), que ce sera forcément toujours le cas. Un protocole n'est jamais infaillible. D'autant plus qu'un leader obtenant de bons résultats peut rapidement tomber dans le biais du survivant, ce modèle mental consistant à surévaluer une méthode sous prétexte de ses bons résultats. Pendant la Seconde Guerre mondiale, le mathématicien Abraham Wald l'avait bien compris et avait utilisé ce concept pour protéger les bombardiers alliés lors de leurs missions au combat. Lorsque les aéronefs rentraient à la base, il observait les différents impacts de balles sur les appareils et préconisait de renforcer le fuselage aux endroits non touchés par les tirs ennemis. Le statisticien avait expliqué : *"Messieurs, vous devez placer plus de protections là où il n'y a pas de trous. Car c'est là que se trouvent les trous des avions qui ne sont pas revenus."*

Un retex doit donc prendre en compte ce qui se voit mais également ce qui ne se voit pas. Cela passe donc aussi et surtout par la compréhension de ce qui n'a pas fonctionné, et l'appréhension des raisons sous-jacentes. L'intérêt d'un débriefing est de tendre vers l'efficacité et d'obtenir de meilleurs résultats. Il ne faut jamais perdre de vue ces objectifs, et constamment se demander ce que l'on peut mieux faire la prochaine fois. Impliquer l'équipe et se poser ce genre de questions ouvertes sera bien plus efficace sur le long terme que d'étaler sa science et ses croyances.

Enfin, un leader adapte constamment ses protocoles et en expérimente de nouveaux, toujours dans un but d'efficacité. Rien n'est figé, rien n'est parfait. Seules l'itération et la remise en question intelligente et collaborative permettent de progresser.

Veille et prospective

Débriefer une action, une mission, une campagne ou tout autre événement est une chose importante. Anticiper et faire de la prospective s'avère tout aussi primordial.

Un leader se prépare constamment aux défis du futur. Cela passe par de la veille et de la prospective. À l'instar d'un chef militaire qui se tient au courant des évolutions géopolitiques ou technologiques en matière d'armement, un chef d'entreprise doit suivre les actualités de son marché. Plus encore, il doit également anticiper ses évolutions probables, ses "tendances". En effet, tout secteur d'activité est concerné par les mutations de notre société, notamment les usages des consommateurs, et par des innovations techniques et technologiques.

Les armées l'ont bien compris et plusieurs unités comme le GMHM sont ainsi devenues de véritables laboratoires technologiques pour l'institution. Dans un autre domaine, les opérateurs des forces spéciales servent parfois de "bêta testeurs" d'équipement et d'armement en opération extérieure, embarquant même des prototypes sur le terrain. Ils contribuent ainsi directement à l'amélioration du matériel des soldats. Dans un contexte international et militaire de plus en plus marqué par le cybercombat (les "champs immatériels"), la question des hautes technologies devient centrale. Depuis plusieurs années, les forces spéciales organisent même un salon de l'armement en partenariat avec des industriels du secteur Défense, afin de favoriser l'innovation et développer du matériel toujours plus efficace pour les missions en zone de guerre.

Illustration : Red team

Nous sommes en 2035. Tandis que la course à l'espace est relancée, la surveillance des individus s'intensifie. Afin de maîtriser les déplacements des populations, le puçage se généralise. Une puce contient toutes les données médicales, financières et civiles de son porteur. Ceux qui la refusent pour des raisons idéologiques deviennent rapidement apatrides et s'exilent sur les côtes, s'ajoutant aux réfugiés climatiques. Refoulés en mer, ils décident de s'y installer pour s'inventer de nouvelles identités. La première nation post-territoriale émerge, la P-Nation, ou nation pirate…

Ce récit de science-fiction est l'œuvre d'auteurs engagés par le ministère des armées dans le cadre du projet "Red Team". Ce groupe d'auteurs, illustrateurs et scénaristes travaillent sur des scénarios de conflit dans le futur. Ces derniers permettent de stimuler la réflexion sur les menaces à 20 ou 30 ans. Certains scénarios sont classifiés mais plusieurs sont disponibles publiquement sur internet et dans le livre Red Team, ces guerres qui nous attendent.

Le retex du leader :
les points principaux résumés

→ "Qui ose gagne", mais "qui perd paye". Attachez-vous donc à tirer des leçons de vos échecs comme de vos victoires. À l'image des militaires, ayez la culture du retex.

→ La meilleure façon de débriefer pour avoir un retex de qualité, est d'impliquer son équipe dans le processus.

→ Chaque erreur et succès peuvent et doivent systématiquement enrichir vos protocoles.

→ Tout leader doit se tourner vers l'avenir et se tenir au courant des grandes évolutions de son secteur. Pour le chef d'entreprise, cela signifie connaître sur le bout des doigts son marché et ses tendances.

PARTIE 10
TRANSMISSION

Retour avec la Légion étrangère, cette fois dans leur régiment école : le 4e RE. La marche Képi Blanc s'est achevée deux mois auparavant et avec elle la première grande étape pour les engagés volontaires que je photographie depuis janvier. Leur formation se termine, ils seront "ventilés"[1] dans leur régiment d'affectation dans quelques jours. Certains partiront en Corse pour devenir parachutistes, d'autres piloteront des chars du côté de Marseille, d'autres enfin deviendront fantassins dans un régiment d'infanterie, à Nîmes ou en Guyane. Mais une chose les relie tous : leur appartenance à la Légion, leur nouvelle famille, leur nouvelle vie.

Tandis que la section se dirige en ordre serré sur la place d'arme pour le dernier discours du chef de corps du régiment, j'observe ces jeunes légionnaires avec émotion et admiration. Il y a encore quelques mois, quasiment aucun d'entre eux ne parlait un mot de français et ne connaissait l'univers militaire. La "méthode Légion" fonctionne vraiment. Apprendre autant de choses (une langue, une culture, des valeurs) en quelques mois relève du haut-fait !

Pour comprendre pourquoi cela fonctionne, il faut s'intéresser à la pédagogie et à l'importance de la transmission dans l'univers militaire. Car il y a beaucoup de choses applicables dans son environnement personnel comme professionnel.

La pyramide de Maslow

Avant de parler de pédagogie et de transmission, il convient de revenir sur un concept désormais très connu mais central : celui de la pyramide de Maslow. Dans les années 1950, le psychologue américain Abraham Maslow mène des études sur la question de la motivation chez l'Homme. Cela l'amène à théoriser une succession de besoins humains qu'il décide alors de matérialiser par une pyramide de cinq étages.

---

1   "Affectés"

La transmission occupe les derniers étages de la pyramide, à travers les besoins d'auto-actualisation et d'estime. En effet, avant de transmettre de l'expérience ou des connaissances à autrui, l'humain doit d'abord se sécuriser personnellement et combler ses propres désirs. Ses besoins physiologiques et primaires (sécurité et affection) atteints, ce dernier peut réellement s'atteler à aider les autres et poursuivre sa quête de sens.

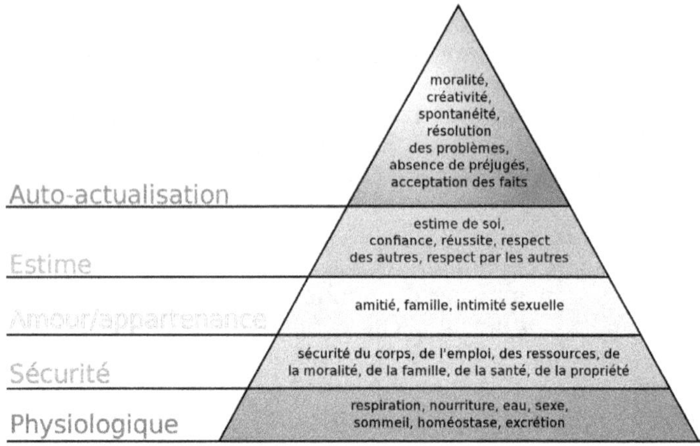

Comprendre cette pyramide est une arme marketing pour un entrepreneur et une nécessité pour un leader souhaitant guider les membres de son équipe. Ce n'est qu'en sachant exactement où ces derniers se placent actuellement sur cette "échelle" qu'il pourra leur apporter ce dont ils ont réellement besoin.

L'armée permet de combler tous les besoins de la pyramide d'un coup ! Les services de recrutement l'ont d'ailleurs bien compris en adaptant leur communication sur ce que vont trouver les jeunes recrues une fois le contrat d'engagement signé : un salaire stable, une sécurité de l'emploi, l'appartenance à une communauté (voire même une famille pour la Légion), de la fraternité, de la confiance en soi, de l'estime, de la reconnaissance, du sens. Qui ne voudrait pas signer dans ces conditions ?

Comprendre les besoins d'autrui ne suffit pas, il convient également de maîtriser l'art d'enseigner.

L'art de la pédagogie

La formation dans les armées ne s'arrête pas à la fin des classes d'un militaire. Terriens, aviateurs ou marins continuent leur apprentissage tout au long de leur carrière, peu importe leur grade, âge ou spécialité. Ce premier enseignement s'applique également dans l'univers de l'entrepreneuriat : quel que soit votre secteur, vous devez vous former constamment. *"Celui qui arrête d'apprendre est vieux, qu'il ait 20 ou 80 ans. Celui qui continue d'apprendre reste jeune"*, disait Henry Ford. À notre époque, il est possible de se former à n'importe quoi, n'importe quand et très facilement grâce à Internet. Aujourd'hui, il existe des formations en ligne sur presque tout. Il suffit juste de le vouloir. Là se trouvent le véritable problème et blocage pour la plupart d'entre nous. Enseigner est difficile, car votre auditoire ne sera pas toujours des plus réceptifs, peu importent vos qualités de pédagogue. "Instruire" passe donc tout d'abord par "intéresser". Les bons pédagogues parviennent rapidement à capter l'attention de leurs élèves. Un bon leader a en lui cette qualité car il est capable d'inspirer et de fédérer les autres.

Une bonne technique pour réussir à faire cela consiste à rappeler à son audience pourquoi elle devrait être attentive à votre enseignement. Très concrètement, qu'est-ce que cela va leur apporter, comment vont-ils se sentir après, ou encore quels résultats tangibles vont-ils pouvoir obtenir grâce à vous ? Un soldat est parfaitement à l'écoute de son chef d'équipe, non pas parce qu'il a pour "ordre" de l'être, mais parce que ce dernier a commencé par expliquer que ce qu'il s'apprête à partager lui a sauvé la vie en opération.

Bien entendu, cela ne suffit pas et n'est qu'un point de départ. Il existe de nombreuses méthodes en matière de pédagogie. Les militaires appliquent énormément celle de la répétition, ce qu'ils nomment le "drill", c'est-à-dire le fait de répéter encore et encore une même tâche. La répétition s'avère nécessaire pour des questions anatomiques : notre cerveau est constamment en train d'oublier des informations afin de "libérer de l'espace disque disponible" sans que nous ayons notre mot à dire. Le psychologue allemand Hermann Ebbinghaus a conceptualisé cela au XIXe siècle, à travers sa célèbre "courbe de l'oubli". Cette courbe descendante et exponentielle représente la vitesse à laquelle nous oublions les informations que nous apprenons. Ne pas en avoir conscience est dramatique. Tout ce que vous apprenez est voué à disparaître au fil du temps sauf en se le remémorant activement régulièrement. C'est pourquoi il est nécessaire de faire et refaire une action périodiquement afin de la maîtriser et la mémoriser parfaitement.

Pour faciliter la mémorisation, les militaires utilisent aussi énormément d'acronymes, et ce, dès les classes des engagés volontaires. Ces derniers apprennent par exemple les 12 actes réflexes du combattant avec la phrase mnémotechnique "PéPé GARDe COCOTte" ou l'acronyme PPGARDCOCOM pour : "Protéger" "Progresser" "Garder la liaison" "Apprécier une distance" "Rendre compte" "Désigner" un Objectif" "se Camoufler" "s'Orienter" "Communiquer" "Observer" "Tirer/Mettre en œuvre son armement".

Il existe de nombreuses autres méthodologies en matière de pédagogie, que je vous invite à découvrir par vous-même au fil de lectures ou de formations. Dire cela constitue un très bon conseil, car l'humain a tendance à mieux retenir une information qu'il a trouvée lui-même avec plus ou moins de difficulté.

Apprendre aux autres pour apprendre (sur) soi-même

Lorsque je me suis lancé dans l'enseignement de la photographie puis du photojournalisme, à la fois via des formations en ligne et lors de cours à l'université, j'ai découvert que j'apprenais plus facilement lorsque j'enseignais aux autres des connaissances. Apprendre pour soi est effectivement moins puissant qu'apprendre aux autres. Tout d'abord parce que cela donne un sens supplémentaire à ce que vous apprenez : vous devez vraiment comprendre et maîtriser une matière pour pouvoir la vulgariser et dispenser. Cela demande un effort additionnel et efficace. Mais aussi parce que vous allez amplifier ce concept de répétition et donc annihiler cette courbe de l'oubli. Quand vous apprenez aux autres une compétence, vous en faites votre quotidien. Si en plus cette compétence fait déjà partie de vos occupations principales, cela fera de vous un excellent professeur. Johan Lara l'explique dans le podcast *"Je tire entre 1 000 et 1 500 coups par semaine, je suis à deux à trois jours par semaine minimum sur les pas de tir. Je ne fais que ça de ma vie, alors autant que le fruit de mes recherches, de mes expériences, serve"*. Cette expertise par la répétition explique en partie le succès de cet ancien des forces spéciales, qui a déjà formé des centaines de personnes en présentiel, et des milliers sur internet.

L'autre avantage à enseigner aux autres réside surtout dans l'apprentissage de soi. On apprend à se connaître soi-même au contact des autres, car si l'on veut être efficace dans l'acte de transmission, il faut faire preuve d'empathie et se mettre à la place de l'autre. *"Il n'y a pas de mauvais élèves, il n'y a que des mauvais professeurs. On me l'a souvent dit. Ça vous remet tout de suite en question sur plein de choses"*, assure Marius qui dit avoir eu une scolarité médiocre malgré un bon potentiel. Il souligne également l'importance de montrer l'exemple, car *"c'est le meilleur moyen d'influence, ça m'a permis de m'élever car je voulais ressembler à ceux qui m'ont donné"*.

Le Colonel Christophe, chef de corps du Lycée militaire d'Aix-en-Provence estime être devenu un "passeur de savoir" grâce à sa longue carrière, et a été amené plusieurs fois à témoigner. Il se souvient notamment de son master géopolitique à l'âge de 30 ans, alors qu'il était entouré de jeunes de 20 ans. Ceux-ci étaient à la fois étonnés de voir un militaire sur les bancs de la fac, mais aussi de voir qu'il était capable de parler des Balkans de manière très concrète. Il a ainsi réalisé plusieurs exposés, en complément des cours théoriques dispensés par les enseignants.

Enfin, apprendre aux autres permet d'améliorer sa confiance en soi. Il n'y a rien de plus valorisant que de devenir le professeur. Cela demande de prendre ses responsabilités face à une audience qui vous accorde son temps, son attention et sa confiance. Bonne nouvelle : vous n'avez pas besoin d'avoir trois doctorats, ni 30 ans d'expériences derrière vous pour coiffer la casquette d'instructeur. Lors des classes de militaires que j'ai eu l'occasion de suivre dans le cadre de reportages, j'ai été surpris de constater que parmi l'encadrement, certains caporaux n'avaient que deux ou trois ans d'expérience dans l'armée. Au-delà de favoriser l'intégration des jeunes recrues souvent déconnectées au niveau générationnel d'un chef de section (souvent plus vieux d'une dizaine d'années ou plus), cela permet de donner des responsabilités à un jeune militaire qui va ainsi prendre confiance en lui et en ses capacités de meneur et leader plus rapidement.

Tradition et devoir de mémoire

Le mot "transmission" fait aussi écho aux traditions et à la mémoire. Dans l'univers militaire, on parle de "devoir de mémoire" et cela s'inscrit même dans les missions du soldat. L'armée constitue un rempart protégeant la mémoire nationale et les sacrifices des "anciens". La vie d'un engagé est donc rythmée par des cérémonies et des commémorations auxquelles les citoyens peuvent aussi participer. Le 11 novembre, le 8 mai, le 6 juin, etc. En France, les dates de commémorations sont nombreuses mais toutes ont pour objectif principal de transmettre une Histoire souvent douloureuse aux prochaines générations, pour ne pas oublier (encore ce concept de répétition). Ici, l'intérêt n'est pas uniquement de former des gens, mais de transmettre un passé et des valeurs communes dans le but que certains événements ne tombent pas dans l'oubli. Néanmoins, le fait d'entretenir la mémoire nationale et l'héritage des anciens permet de renforcer des convictions et un esprit combatif nécessaire à tout soldat et tout leader. En effet, même au XXIe siècle, on continue à se battre pour des valeurs et des idéaux, tout en sachant que par le passé, nos ancêtres eux aussi le faisaient.

Le passé commun d'une société, d'une nation ou d'un pays permet aux leaders d'émerger, pour le meilleur, par exemple le cas de Nelson Mandela, ou pour le pire, celui d'Adolf Hitler. Ces deux hommes politiques que tout oppose sont pourtant arrivés au pouvoir via des stratégies parfois analogues, notamment celle de fédérer leur communauté en se servant des tensions passées avec un oppresseur et l'envie de liberté. La ségrégation dans le cas de Mandela et la crise économique et l'extrême inflation provoquée par le "diktat de Versailles", l'humiliation française que souhaite venger Hitler. Que ce soit pour un objectif louable ou pour un funeste projet, un leader sachant utiliser l'Histoire et la mémoire nationale, devient très puissant.

Illustration : L'allégorie du tailleur de pierre

Un homme rencontre trois tailleurs de pierre faisant le même travail avec les mêmes outils.

Le premier tailleur est assis sur une chaise et taille mécaniquement la pierre. Lorsque l'homme demande ce qu'il fait, il a l'air accablé et confus et répond qu'il taille des pierres.

A côté de lui, un deuxième tailleur de pierre fait la même chose, mais de façon plus ordonnée. Lorsque l'homme demande ce qu'il fait, il répond pensivement qu'il taille de la pierre pour construire un mur.

Non loin de lui, un troisième tailleur de pierre travaille méticuleusement la matière première. Lorsqu'un homme lui demande ce qu'il fait, il répond avec un large sourire enthousiaste et intrigant : *"Je construis une cathédrale".*

La transmission du leader : les points principaux résumés

→ Gardez en tête le schéma de la pyramide de Maslow et des besoins humains, non seulement pour vous mais également les membres de votre équipe.

→ Le plus grand défi de tout leader reste la pédagogie. Cet art doit être maîtrisé le plus rapidement possible si vous souhaitez garder une équipe unie et efficace.

→ Apprendre quelque chose aux autres vous permettra d'apprendre vous-même cette même chose plus facilement.

→ Quand c'est nécessaire, se tourner vers le passé et se souvenir de ses erreurs ou succès permet de comprendre la structure de notre présent et notre avenir.

Conclusion

Si je devais conclure simplement ce livre, je dirais trois choses.

+ Diriger est simple mais pas facile.

+ Le leadership est à la fois un art et une science.

+ Diriger des gens s'avère la tâche la plus difficile et, par conséquent, la plus gratifiante de toutes.

Mais il m'est impossible de conclure sur cela. Écrire ce livre a pris
l'allure d'une thérapie pour moi. En effet, lorsque je me suis lancé dans cet ambitieux projet, plusieurs obstacles ont surgi sur mon
chemin, certains en cours d'écriture, et leur résolution m'a à la fois
fait perdre du temps tout en étant une bénédiction. Car comme je
le disais dans le chapitre 7, résoudre des problèmes est le quotidien
de tout leader, et donc de tout entrepreneur. Éviter les situations de
crise n'est pas une option, non seulement il faut les accepter mais
tout faire pour les transformer en opportunités.

Jocko Willink, que j'ai déjà beaucoup cité dans ce livre, a une for-
mule bien à lui pour désigner ce genre de situation, qui tient en un
mot : "Good" (est-ce vraiment nécessaire de traduire ?). L'idée est
simple : lorsqu'un problème ou un obstacle apparaît, la seule bonne
chose à dire est "Bien". Car selon lui, "quand les choses vont mal, il
y aura du bon qui en sortira". Et je vais laisser Jocko conclure avec
un extrait de son podcast :

*Oh, la mission a été annulée ? Bien... On peut se concentrer sur
une autre.*

*On n'a pas eu le nouvel équipement qu'on voulait ? Bien... On
peut rester simple.*

Tu n'as pas été promu ? Bien... Plus de temps pour t'améliorer.

On n'a pas été financé ? Bien... Nous possédons plus de parts de l'entreprise.

Tu n'as pas eu le travail que tu voulais ? Bien... Sors, acquiers plus d'expérience, et construis un meilleur CV.

Tu t'es blessé ? Bien... Tu avais besoin d'une pause dans ton entraînement.

Tu t'es épuisé ? C'est bien... Il vaut mieux que cela arrive à l'entraînement que sur le terrain.

On s'est fait battre ? Bien... On a appris.

Des problèmes inattendus ? Bien... On doit trouver des solutions.

C'est tout. Quand les choses vont mal : Ne te laisse pas abattre, ne te lance pas, ne te frustre pas. Non. Regarde juste le problème et dis : «Bien.»

Maintenant, je ne veux pas dire quelque chose de banal ; je n'essaie pas de ressembler à M. Smiley Positive Guy.

Ce type ignore la dure vérité.

Ce type pense qu'une attitude positive va résoudre les problèmes.

Ce n'est pas le cas.

Mais il ne faut pas non plus s'attarder sur le problème. Non. Accepte la réalité, mais concentre-toi sur la solution. Prend ce problème, prend cet échec, et transforme-le en quelque chose de bien. Va de l'avant. Et, si tu fais partie d'une équipe, cette attitude se répandra partout.

Enfin, si tu peux dire le mot «bon», alors devine quoi ?

Cela signifie que tu es toujours en vie.

Cela signifie que tu respires encore.

Et si tu respires encore, cela signifie que tu as encore de la combativité en toi.

Alors lève-toi, dépoussière, recharge, re-calibre, réengage

et part à l'attaque.

Ressources et bibliographie

Afin de vous aider à aller vraiment plus loin, voici une liste de lectures qui m'ont aidé dans la rédaction de ce livre ainsi qu'au cours de ma carrière de photojournaliste.

Bonne lecture !

→ "Photographe Stratèges" de Fred Marie
→ "La semaine de 4 heures" de Tim Ferris
→ "Tout le monde n'a pas eu la chance de rater ses études" d'Olivier Roland
→ "Le Personal MBA" de Josh Kaufman
→ "Permission marketing" de Seth Godin
→ "Influence et manipulation" de Robert Cialdini
→ "So good they can't ignore you" de Cal Newport
→ "Get shit done" de Niall Harbison
→ "Expert Secret" de Russell Brunson
→ "L'art subtil de s'en foutre : un guide à contre-courant pour être soi-même" de Mark Manson
→ "Deep Work" de Cal Newport
→ "Lettre à Lucilius" de Sénèque
→ "Réfléchissez et devenez riche" de Napoleon Hill
→ "L'art de la victoire" de Phil Knight
→ "Les 48 lois du pouvoir" de Robert Greene
→ "Votre empire dans un sac à dos" de Stan Leloup
→ "Les vertus de l'échec" de Charles Pépin
→ "The negotiation book" de Steve Gates
→ "Responsabilité absolue" de Jock Willink
→ "Pensées pour moi-même" de Marc Aurèle
→ "Écriture, mémoire d'un métier" de Stephen King
→ "Comment se faire des amis" de Dale Carnegie
→ "Comment manipuler l'opinion en démocratie, Propaganda" de Edward L. Bernays
→ "Devenez accro au succès" de Tim Grover
→ "Diplomatie" de Henry Kinssinger
→ "Forces spéciales & unités d'élite" sous la direction de Teddy Palassy
→ "Le fil de l'épée" de Charles de Gaulle
→ "De la guerre" de Carl Von Clausewitz

→ "GIGN-RAID" de Thierry Orosco et Jean-Michel Fauvergue
→ "Discours de guerre" de Winston Churchill
→ "Histoire secrète des forces spéciales de 1939 à nos jours" de Éric Denécé
→ "La lune est claire" ouvrage Collectif
→ "Négociateur au RAID" de Christophe Caupenne
→ "Chef de guerre" de Louis Saillans
→ "Objectif : Forces spéciales" de Matt
→ "Major Gérald, préparation physique et mentale du légionnaire"
→ "Penser la guerre" de Antoine Bourguilleau
→ "Responsabilité absolue" de Jocko Willing et Leif Babin
→ "L'opérateur" de Robert O'Neill
→ "Marius, parcours commando" de Marius
→ "Concours de la DGSE" de Marc Dalens
→ "Warrior Politics" de Robert D. Kaplan
→ "Can't hurt me" de David Goggins
→ "Riposter, abrégé de self-défense" de Michael Illouz
→ "Comprendre et pratiquer les TOP" de Dr Edith Perreaut-Pierre
→ "L'entraînement des forces spéciales" de David Cerqueira et Julien D

Pour aller encore plus loin

Écoutez les épisodes du podcast Défense Zone pour découvrir des parcours et conseils inspirants : https://defense-zone.com

www.ingramcontent.com/pod-product-compliance
Lightning Source LLC
LaVergne TN
LVHW050609200726

843508LV00010B/1788